帳篷人生

帐篷人生

户外探险与露营指南

［英］塞巴斯蒂安·安东尼奥·圣巴巴拉 著
罗欣欣 译

中国科学技术出版社
·北京·

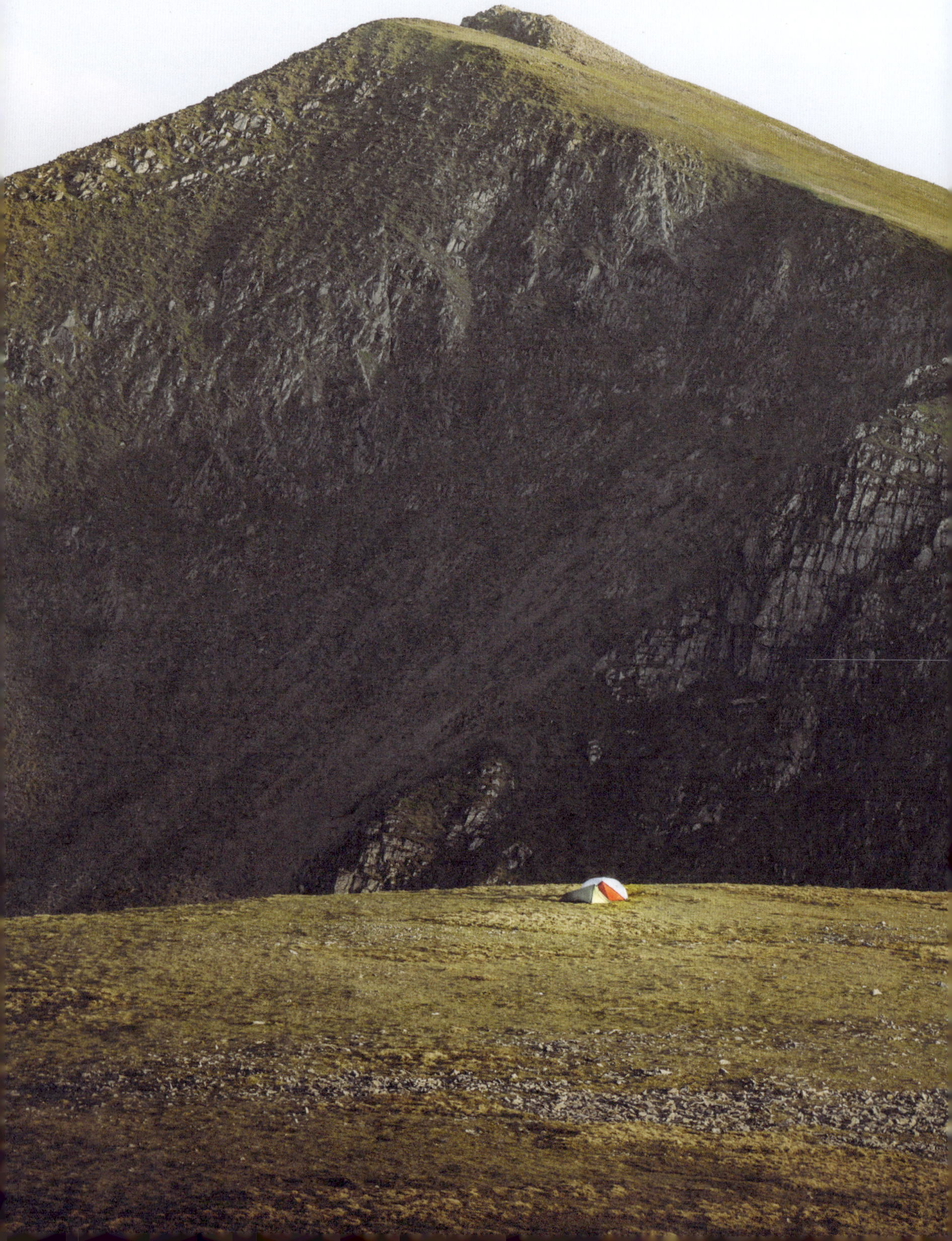

前　言

要走进"露营生活"的世界，就要让露营回归本质。长久以来，露营在探险达人、度假散心爱好者以及颇具影响力的各项纪录保持者的推动下，已经取得了长足的发展。如果你正捧着这本书，津津有味地读着，可能会有这样的想法：在进入树林露营前，带上一顶帐篷、一些坚果零食、结实的背包和睡袋，或许还有一到两个知己好友。

但露营生活到底是什么样的？我们如何从在网上疯狂搜索露营相关知识的新手，变成安营扎寨的能手呢？

露营入门难不难？沿着人迹罕至的道路开启一段离网❶露营之旅要多少钱？在自行车或独木舟上看世界，真正踏足各大陆最壮观的那些景点又是什么感觉？

从英国坎布里亚郡的乡村到日本森林深处，本书涉及野外生存的方方面面，让人得以一窥露营者的生活：他们高坐于峭壁之上，酣睡于树冠之中，深入无人之境，在大自然母亲的怀抱里，与栖息于地球僻静处的动物相伴，得到身心的放松。

早在1996年，6岁的我就开始露营了，是和本书后面谈及的一位受访者一起去的。得承认，第二天早上，我还是如常回家喝了麦片粥，看了我最喜欢的动画片，但在帐篷里度过的那一晚，开启了我对户外生活长久的热爱。自那时起，我一直过着简朴的生活，时常在野外探寻僻静之处，住上1~3晚。

到现在为止，我有幸在葡萄牙的树帐上睡过，在意大利的教堂后

---

❶ 离网指脱离电网覆盖区域，回归"原始"生活的方式——译者注。

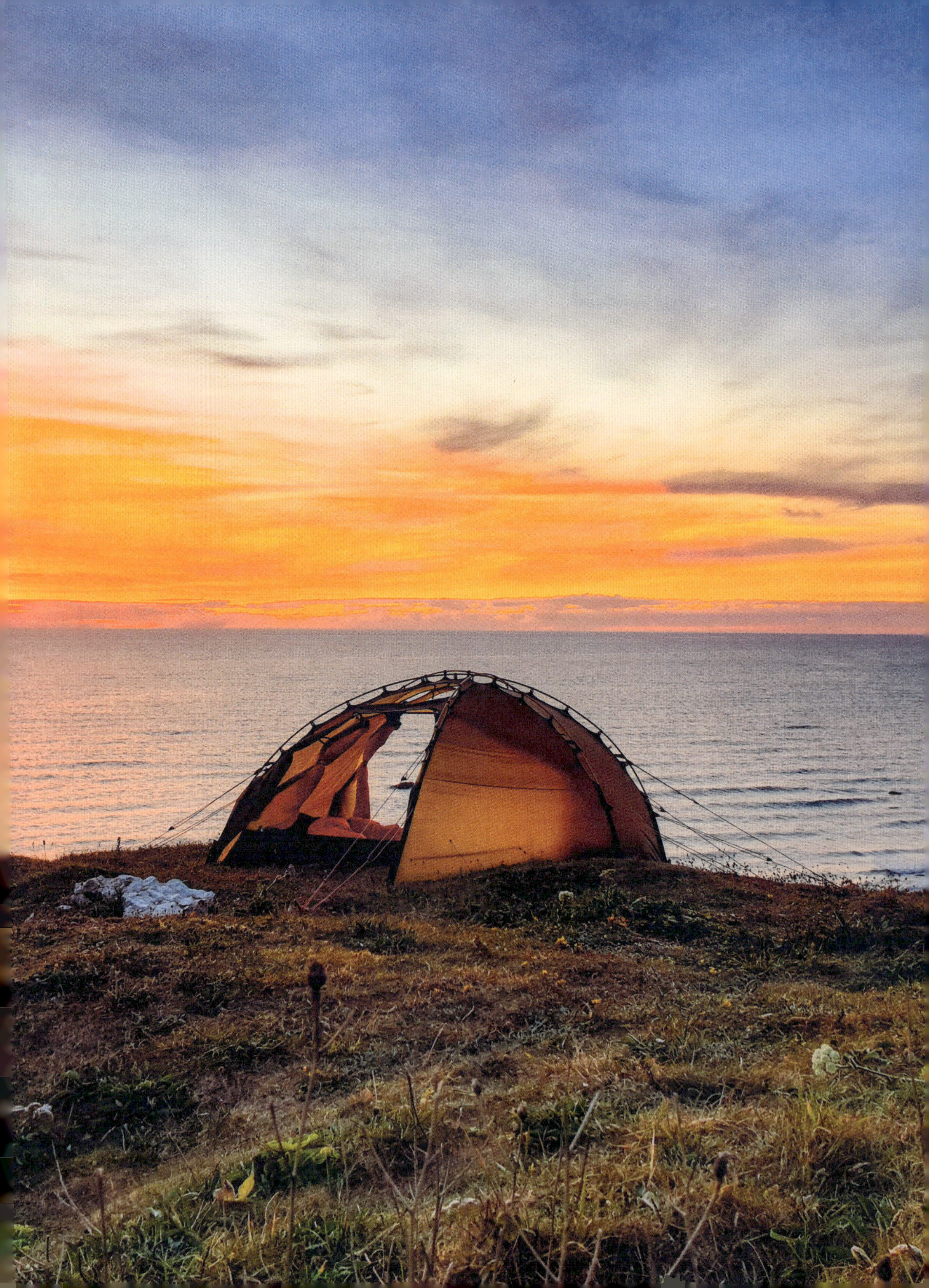

面待过，也在英国约克郡河谷中央搭过帐篷，更不必说我最爱的英国各大音乐节了，我经常在现场扎营过夜。帐篷生活让我明白，资金不足、设备简陋也能办成大事；那些日子，拉开帐篷的门帘就能看到太阳从波光粼粼的湖面上升起，还能一边享受森林献上的视听盛宴，一边给自己做大餐，还有什么比这更让人兴奋的呢？

如果你刚读完上一段，正在思考自己是否具备搭建帐篷、生火烹饪或离网探险的能力，别担心，你有得力助手。在本书中，你会见识到在各种极端条件下露营的人，他们致力把户外知识传给年轻一代，以及那些任时光荏苒，只沉迷读书的人。

开始写这本书以来，我有幸和各大洲过着离网生活的露营爱好者聊过，了解他们如何露营、看重哪些技能，最重要的是了解露营对他们的意义。在接下来的每一章里，我们将深入接触他们。从摩拳擦掌准备大干一场的野外生存专家，到指望着早晨那杯咖啡过活的周末露营爱好者，他们有着不同的露营风格，也会带来惊险程度各异的露营故事，足以适应各人不同的生活方式和探索能力。

但是，别以为本书只讲如何露营。露营文化由来已久，这本书展现了全球露营活动多年来的发展历程，着重介绍了那些致力保护古老的生存技能，让世界对露营改观的人。本书为露营建立了新标准，为未来的露营爱好者定下了新目标，可以成为那些希望取得新突破的露营爱好者灵感的源泉。

如果你还犹豫不决，这里有许多很棒的照片，你看了之后或许宁愿卖掉家里的车，也要买最好的露营装备。

无论你是想去英国湖区观光，还是想来一场阿尔卑斯山耐力之旅，或只是想露天宿营，享受猎犬蜷卧在脚边的静谧夜晚，本书总能激发你的奇思妙想，会让你惊叹不已，并把你带到那些呼吸、做梦都是露营的人面前寻求指导。

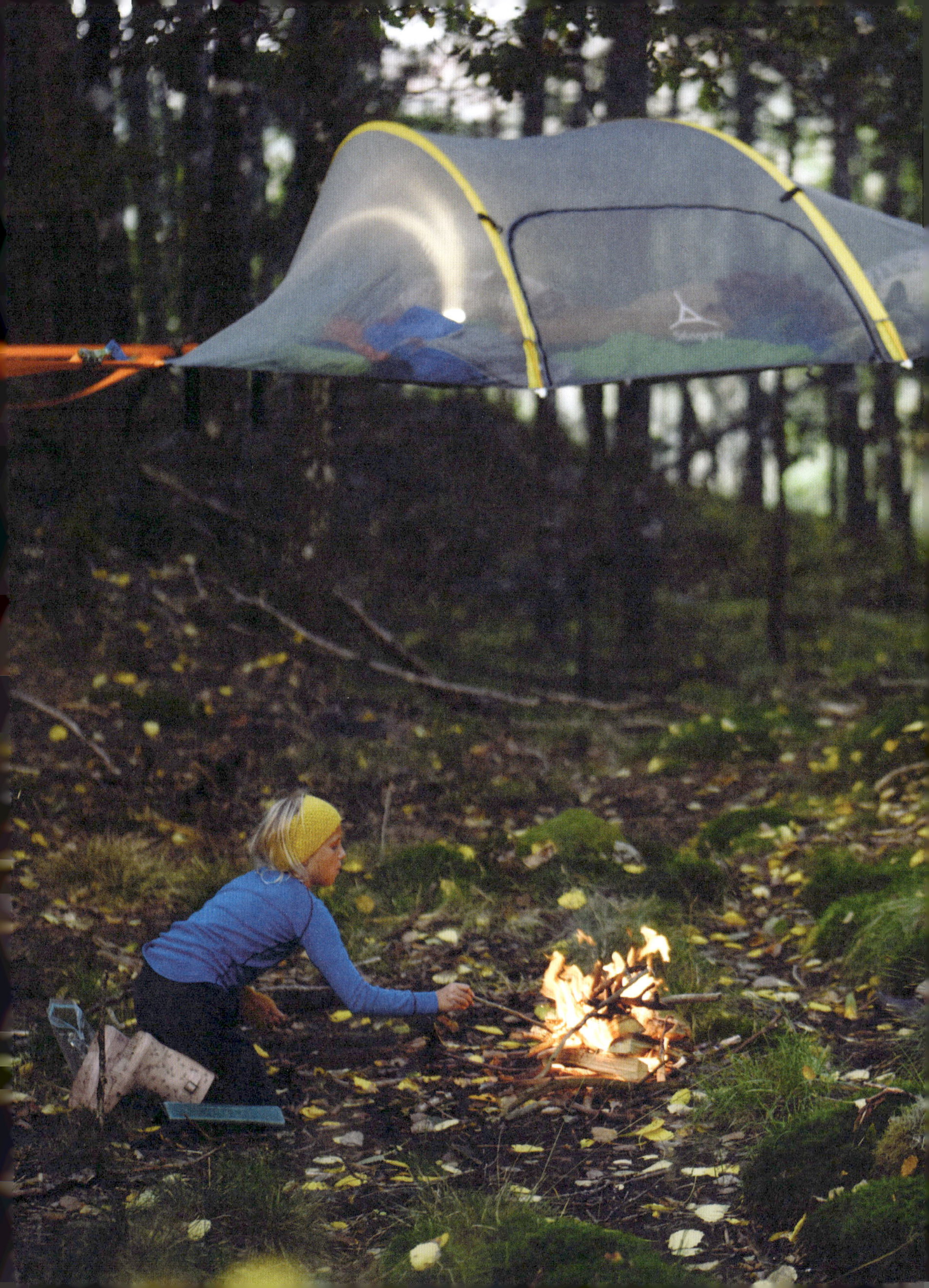

目 录

第 1 章　离网探险者　　　　　　　　　　　　001

第 2 章　丛林技能及野外生存专家　　　　　　041

第 3 章　周末露营爱好者　　　　　　　　　　069

第 4 章　露营极限玩家　　　　　　　　　　　103

第 5 章　良心露营者　　　　　　　　　　　　143

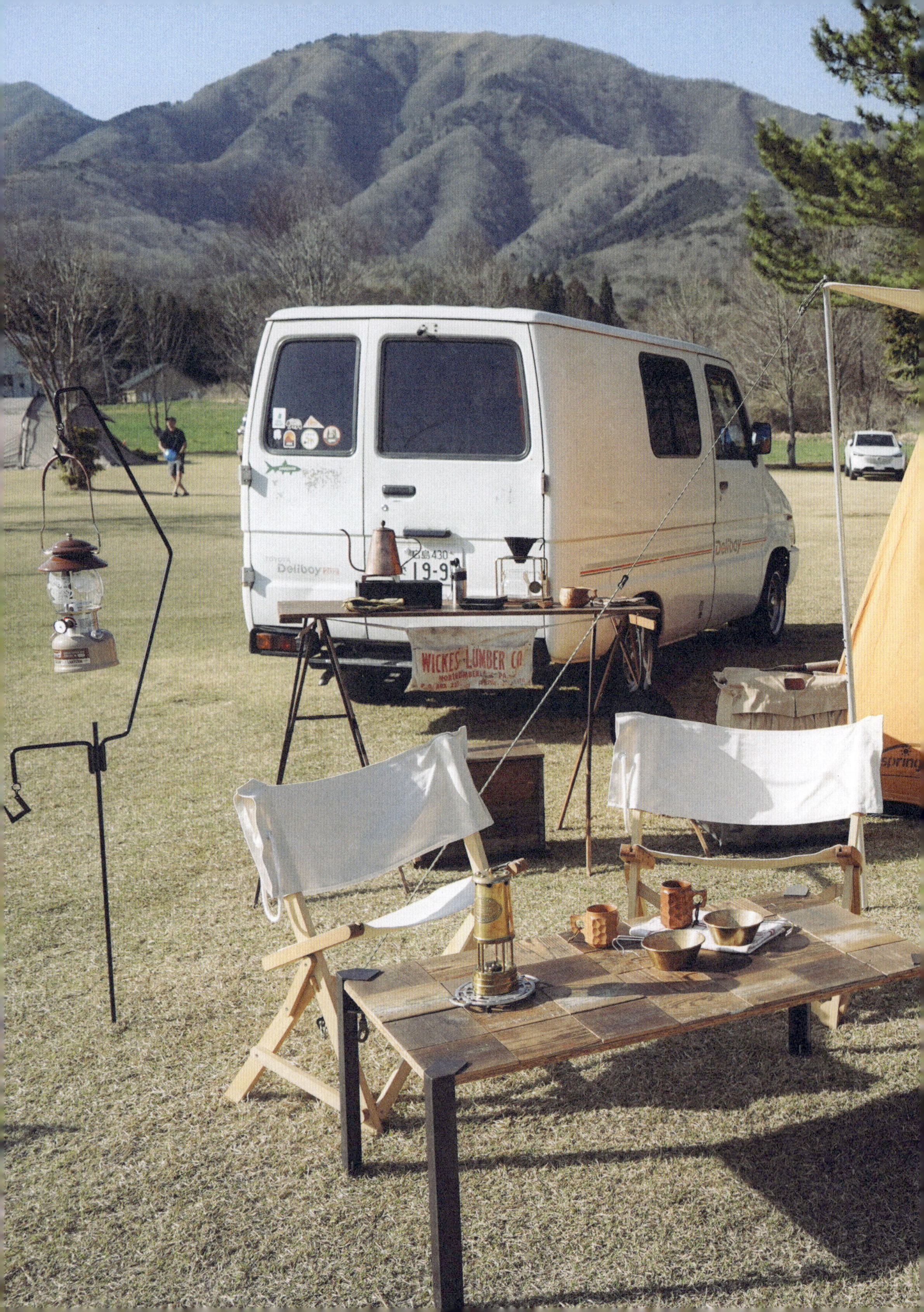
WICKES LUMBER CO
Deliboy

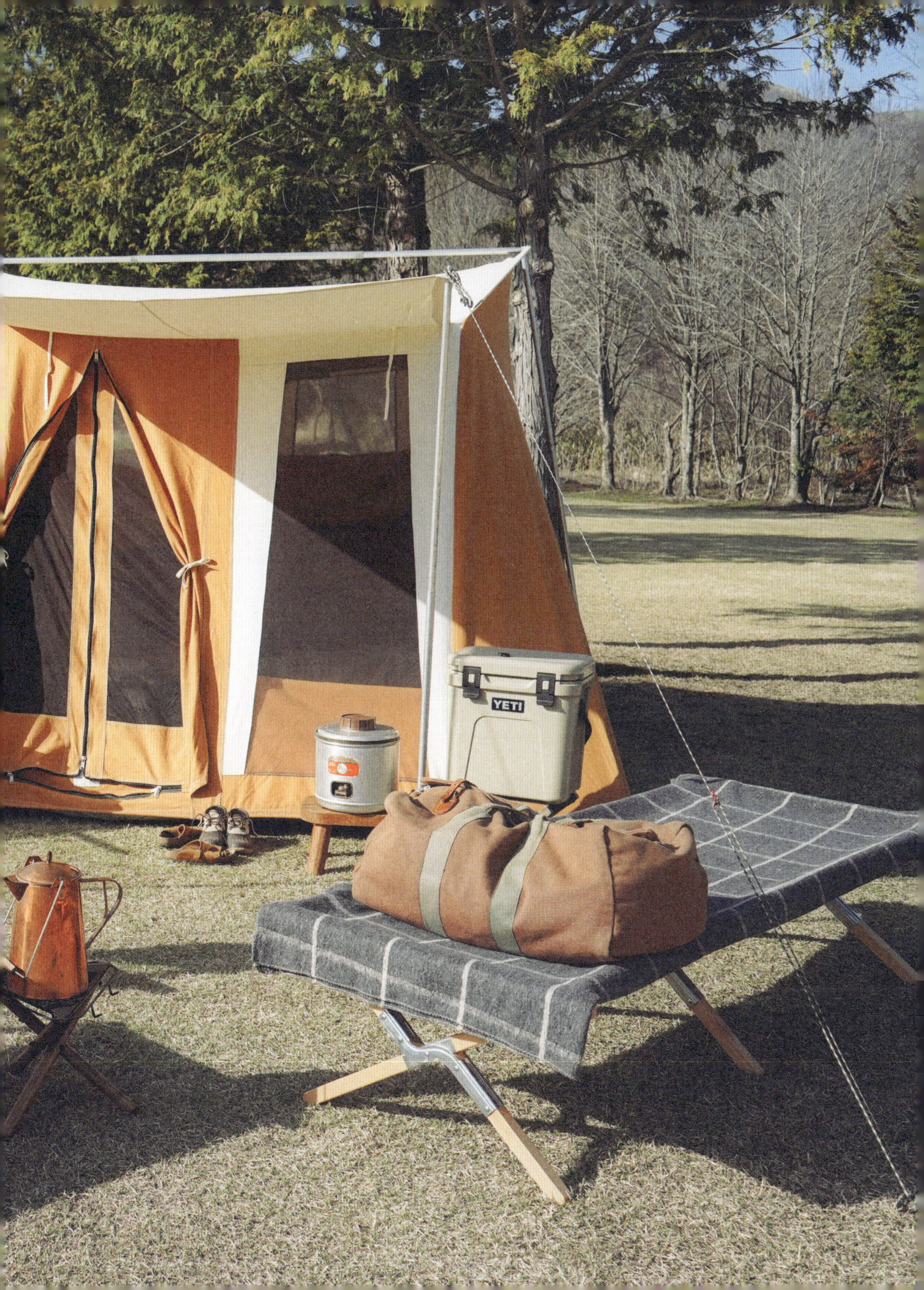
YETI

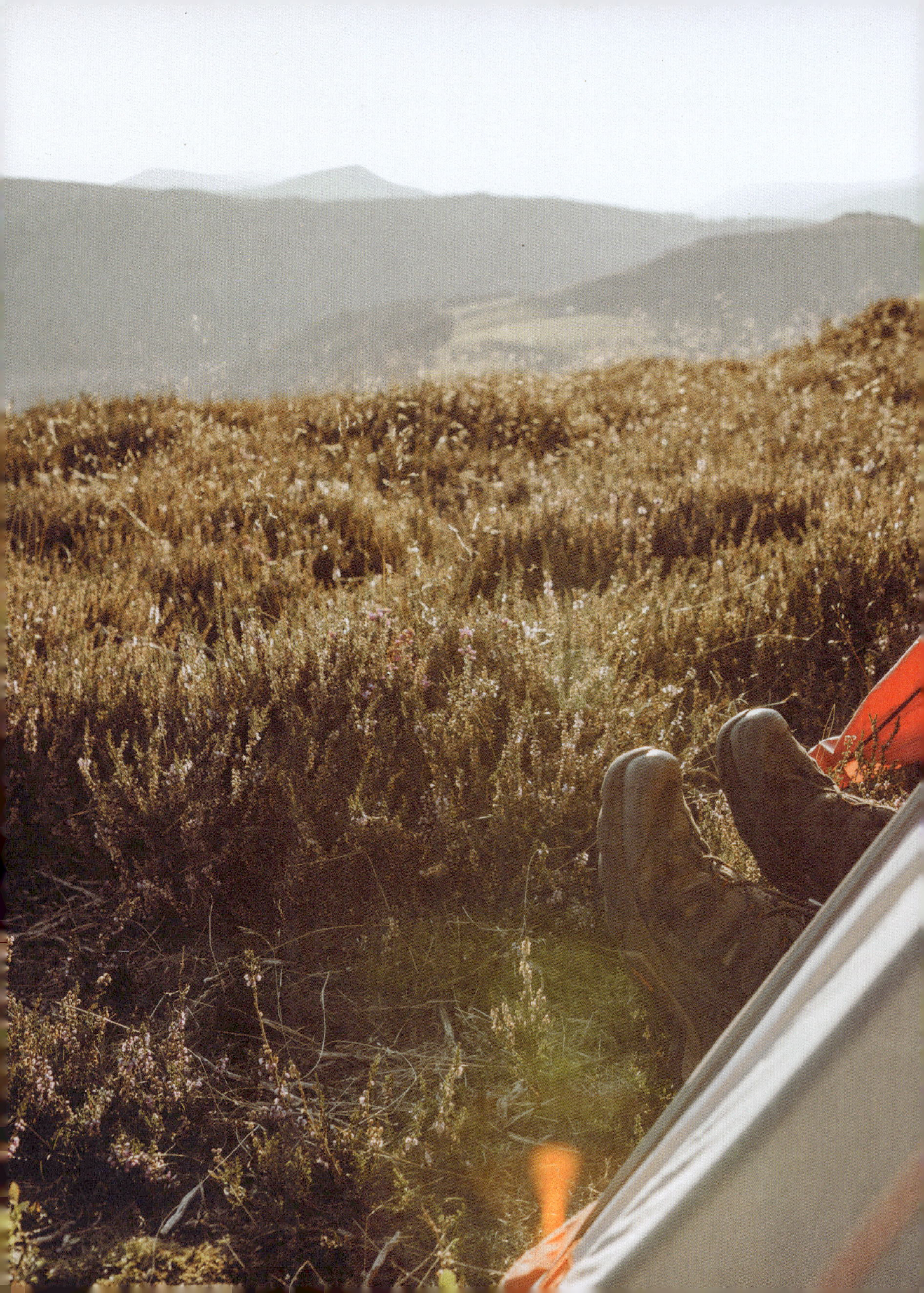

第 1 章
离网探险者

那些人迹罕至之处到底藏着什么秘密？这是离网探险者特别关心的问题，也是他们探索荒野、寻找美景、回归自然的动力。对于这一章的主角们来说，拥抱自然不只是一时的心灵抚慰，还时刻召唤着他们，使他们远离尘嚣，走向荒野，忘掉所有的难题和压力，做最真实的自己，真正找到或重拾活着的感觉。

对很多人来说，户外活动能带来心灵慰藉，是自我充电解压的好机会。走到户外，人们能放下过去，清理挂在心头的陈年蛛网，花更多时间陪伴亲友，渡过难关，重新认识自己。

最妙的是，专注于当下不花一分钱，且无论晴雨，户外美景永远对所有人敞开怀抱。

杰奎琳（美国）[1]

忙于活着

当你发现自己徒步过久，体能逼近极限时，往往需要在野外扎营休整，为第二天的旅程做准备。但在杰奎琳（Jaqueline）看来，大自然不只是从一地到另一地的必经之处，还是她的家，能带她回到无忧无虑、与世无争的童年。杰奎琳从2016年开始接触露营。作为成年人，她从中找到了活着的感觉，深受鼓舞，沿着阿巴拉契亚山脉（Appalachian Mountains）游遍了美国东海岸，一路重温儿时的记忆。

有的人听不到城市里各种熟悉的声音，就很难放松下来。但对杰奎琳来说，在星空下独处，与虫林鸟兽为伴让她心花怒放，并着迷不已。每次出发之前，杰奎琳都会充分调研，寻找最佳露营地，通过网络平台从其他露营爱好者那里获取相关信息，特别是那种移动应用程序和地图上少有的露营心得。同时，她也会查清各地的露营规定，无论身处国家公园、国家森林、湖海之滨、荒野之地还是乡间小路，都确保自己在指定区域扎营。

杰奎琳是一名单人徒步旅行者，这足以让任何露营新手望而生畏。但她几乎从未感到不安，乐于探索偏远之地，像美国弗吉尼亚州东南角的福尔斯角这样只能步行前往的地方。当然，一旦稍感不安，杰奎琳会告诉亲友自己去哪里、和谁去，确保有人知道她的大致位置。

说到收拾行李，一定要认真计划。杰奎琳会把她所有的露营装备摆得整整齐齐，每次出发前，她可以边看边想需要带什么，把背包塞得满满当当，再掂量它是否足以应付此次旅行。安全起见，无论天气如何，她都会带上这10样东西：导航设备、食物、水、帐篷、急救包、刀、防晒用品、生火用具、头灯和备用衣物。

杰奎琳有很多露营小窍门。比如，她会把衣服垫在枕头下，把头垫高，这样可以睡得更好；秋冬季露营，她会带上保暖排汗的内层衣物以及一个睡袋衬垫……俨然已经掌握了野外露营的精髓。目前，杰奎琳正在美国佐治亚州和缅因州之间长达3540千米的徒步路线上探索。我非常期待看看接下来她会在哪里露营，希望有一天能追随她的脚步！

---

[1] 括号里面不是指旅行者的国籍，而是指旅行者推荐游历的国家。

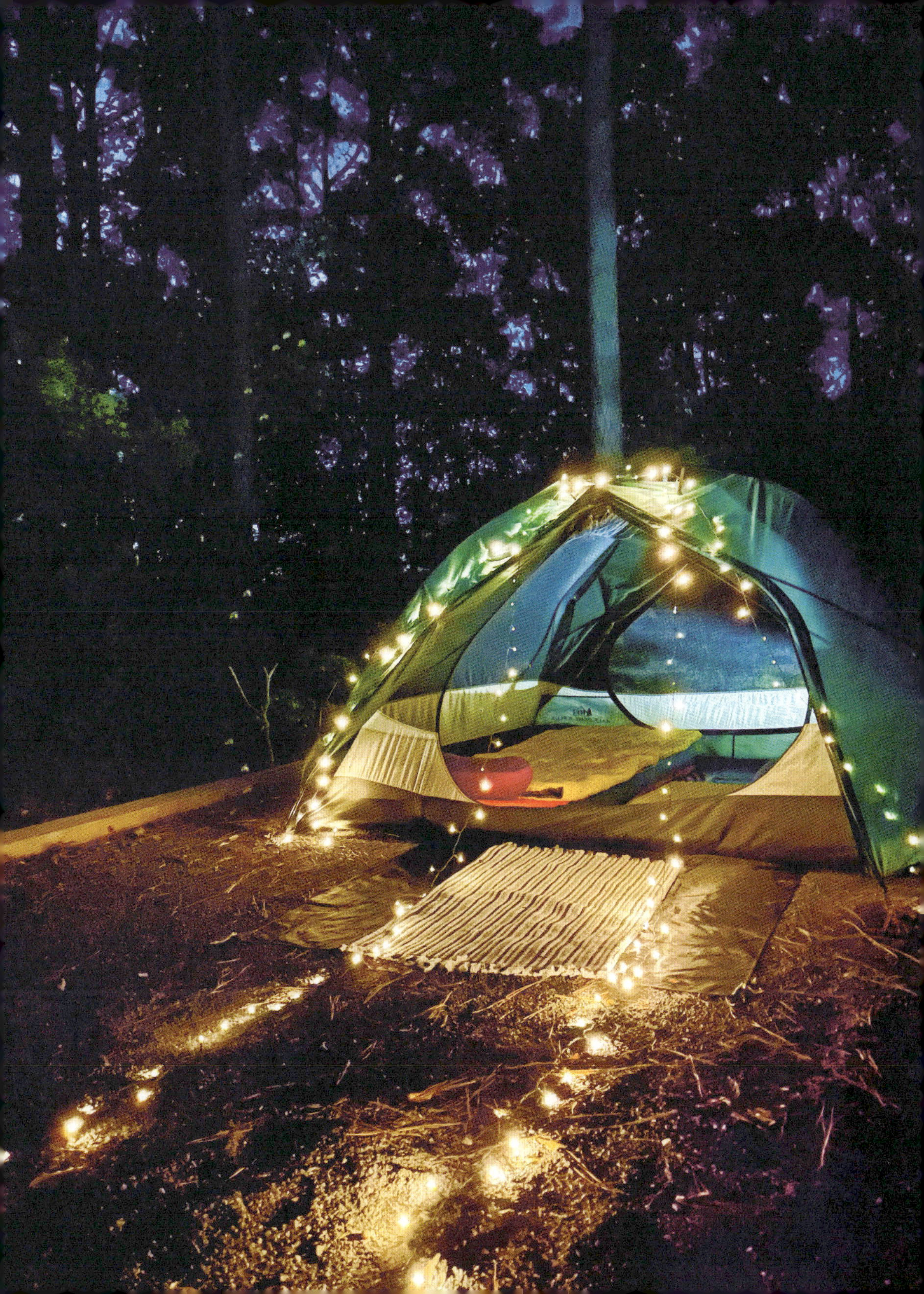

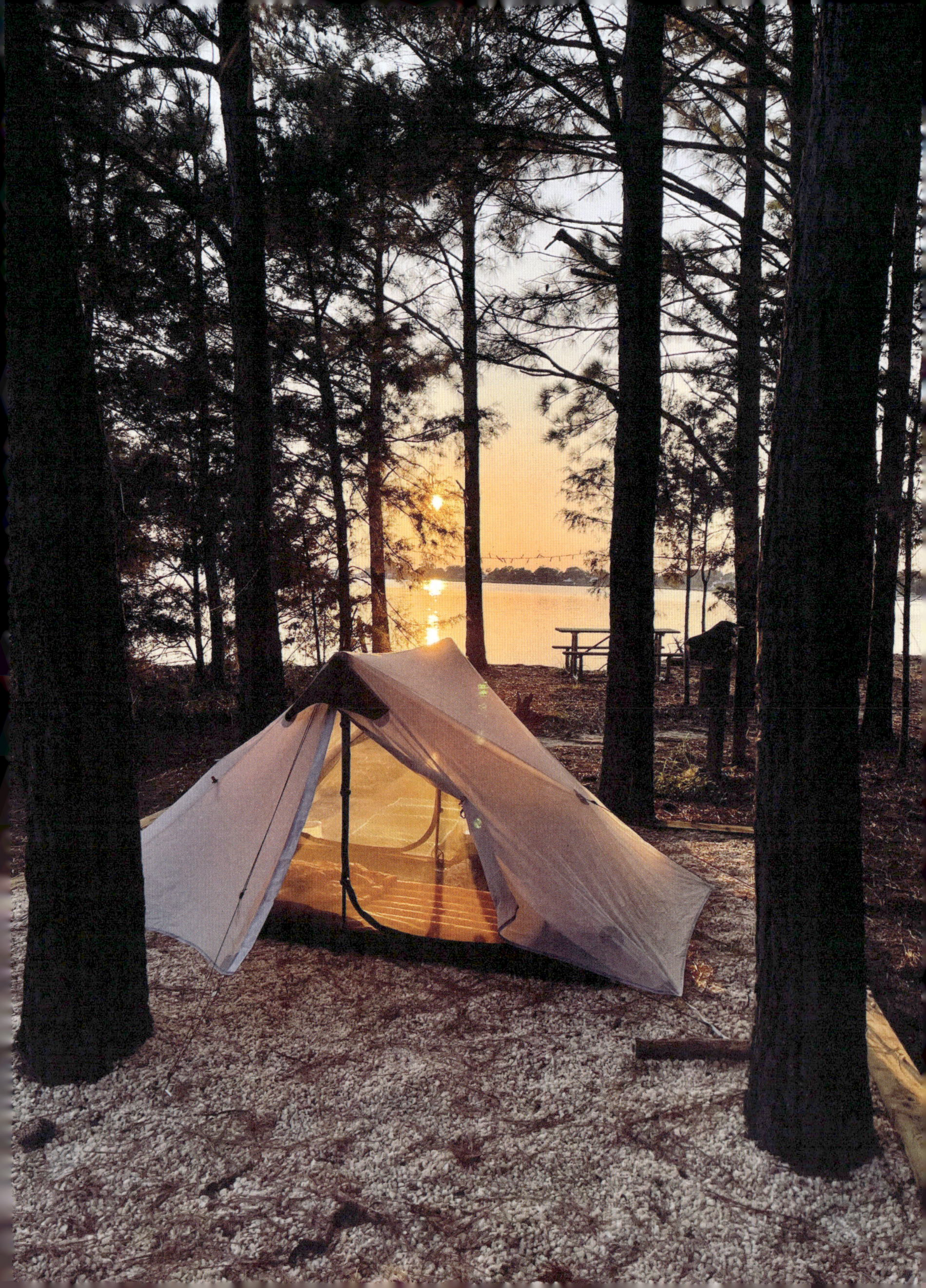

露营三大件

→ "暖眠"（Therm-A-Rest）的 Z Lite 闭孔泡沫垫：让你睡个好觉

→ "海底山巅"（Sea to Summit）的充气枕头：让你一觉醒来脖子不会疼

→ "赫利诺克斯"（Helinox）的"零号"露营椅（Chair Zero）：无论身处何地，都要坐得舒服

最难忘的露营地

→ 美国蓝脊山脉（Blue Ridge Mountains）普莱森特山（Mount Pleasant）山顶。这里的日出和日落美得不可思议，会永远铭刻在我的脑海中

→ 如果你喜欢在蓝脊山脉看日出的感觉，可以考虑到以下地点露营：

牙买加　蓝山和约翰·克罗山国家公园（Blue and John Crow Mountains National Park）

德国　楚格峰（Zugspitze）

澳大利亚　蓝山（Blue Mountains）

艾米·凯瑟琳（英国）

荒野不可或缺

有些人爱上探险是一种偶然，但对另一些人来说，探险的基因是从小就流淌在血液里的。艾米·凯瑟琳（Amy Katharine）的父亲是一名飞行员，她从小就去过很多美丽的地方，由此埋下了热爱探险的种子，直到她独自前往美国缅因州，这颗种子才真正开花结果。那时，艾米在蓝山州立公园照看一群十几岁的孩子，附近可能有熊出没，但大家在山顶简单支个天幕就睡下了，现在想想都觉得后怕，也久久不能忘怀。那是她的第一次露营，根本没睡好，但也是从那天起，她和大自然、精彩的野外活动结下了不解之缘。

然而，随着时间的推移，艾米独自探索世界的勇气已几乎消失殆尽。她沉浸在自己的工作和抚养女儿的喜悦中，探险退居次位，直到接触到照片墙上的徒步爱好者，她才鼓起勇气回归野外生活。她相信，他们会带她重觅自然之美，唤醒她的荒野之心。

艾米外出探险的时候，总会在偏远隐蔽的地方搭起她那OEX品牌的"拉孔"超轻徒步帐篷。这些地方别人不容易靠近，她自己也要费一番功夫才能找到，既安全又不太暴露，可以给她带来安全感。身处荒野，对任何事情感到焦虑都是完全正常的，但想到自己身处偏僻幽静之处，艾米就能安然入睡，也才有精力观赏第二天早上壮丽的日出。

在"蓝山熊出没事件"中，艾米应对自如，但她知道自己只是刚入门的露营"小白"，正不断地在丛林探险中学习各种生存技能，希望能仅靠自然环境生存下来。她会把2.5升的水袋包、"旅行者"（Wayfarer）的单兵口粮以及"捷宝"（Jetboil）的简易炉具，都整整齐齐地放在她65升的背包里，希望有一天自己能成为真正的丛林技能专家。

在徒步的前一晚，艾米会非常认真地收拾行李。为了应付可能出现的各种情况，她会再三检查急救包、零食、水、换洗衣物、户外电源、充电线等露营装备是否有遗漏，将它们按取用顺序放入背包。

"第一次露营前，多多熟悉你的装备！相信我，不要到了黑乎乎的山上，才发现自己不知道帐杆要往哪里插。而且，在客厅'试露营'会很好玩！"

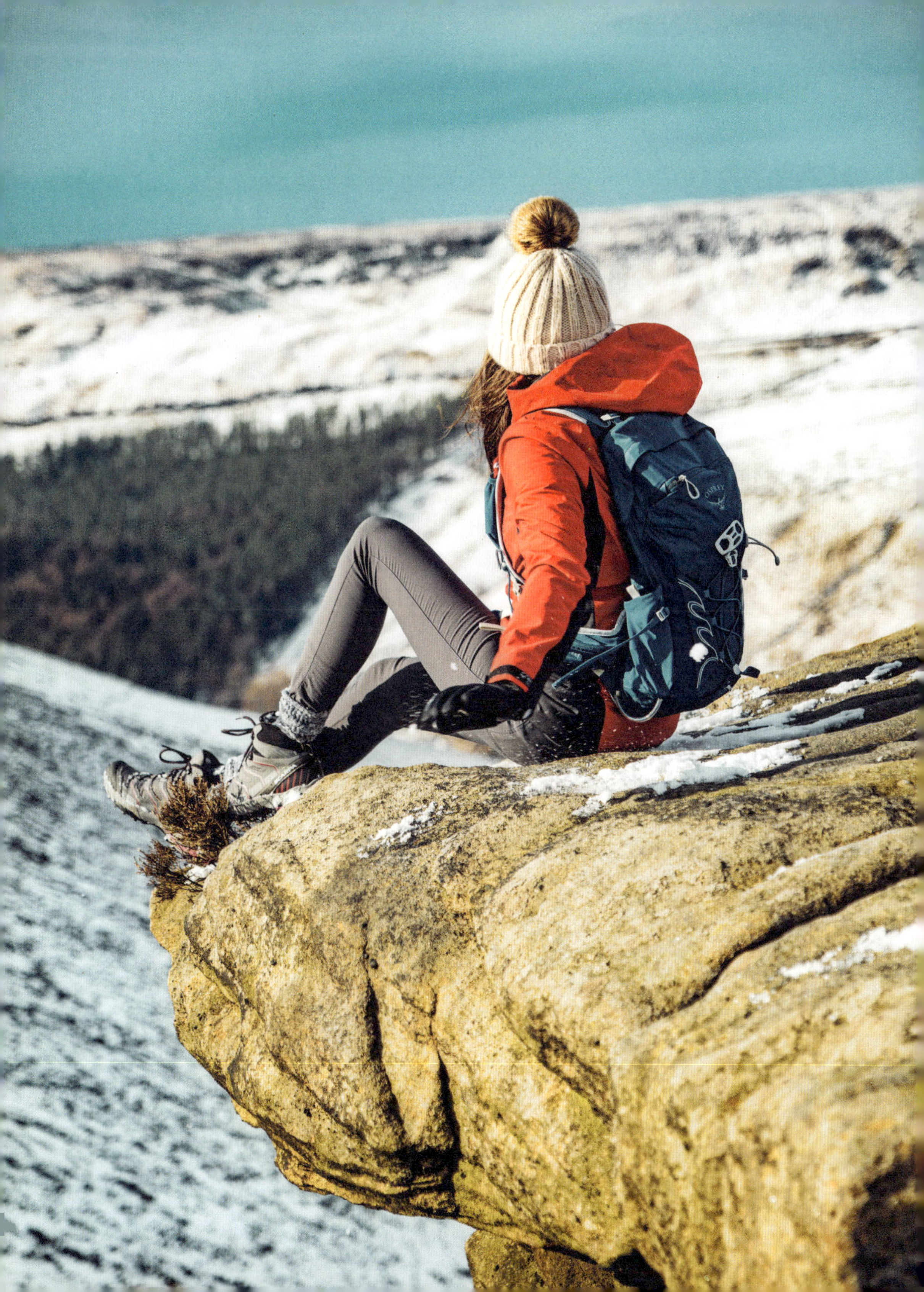

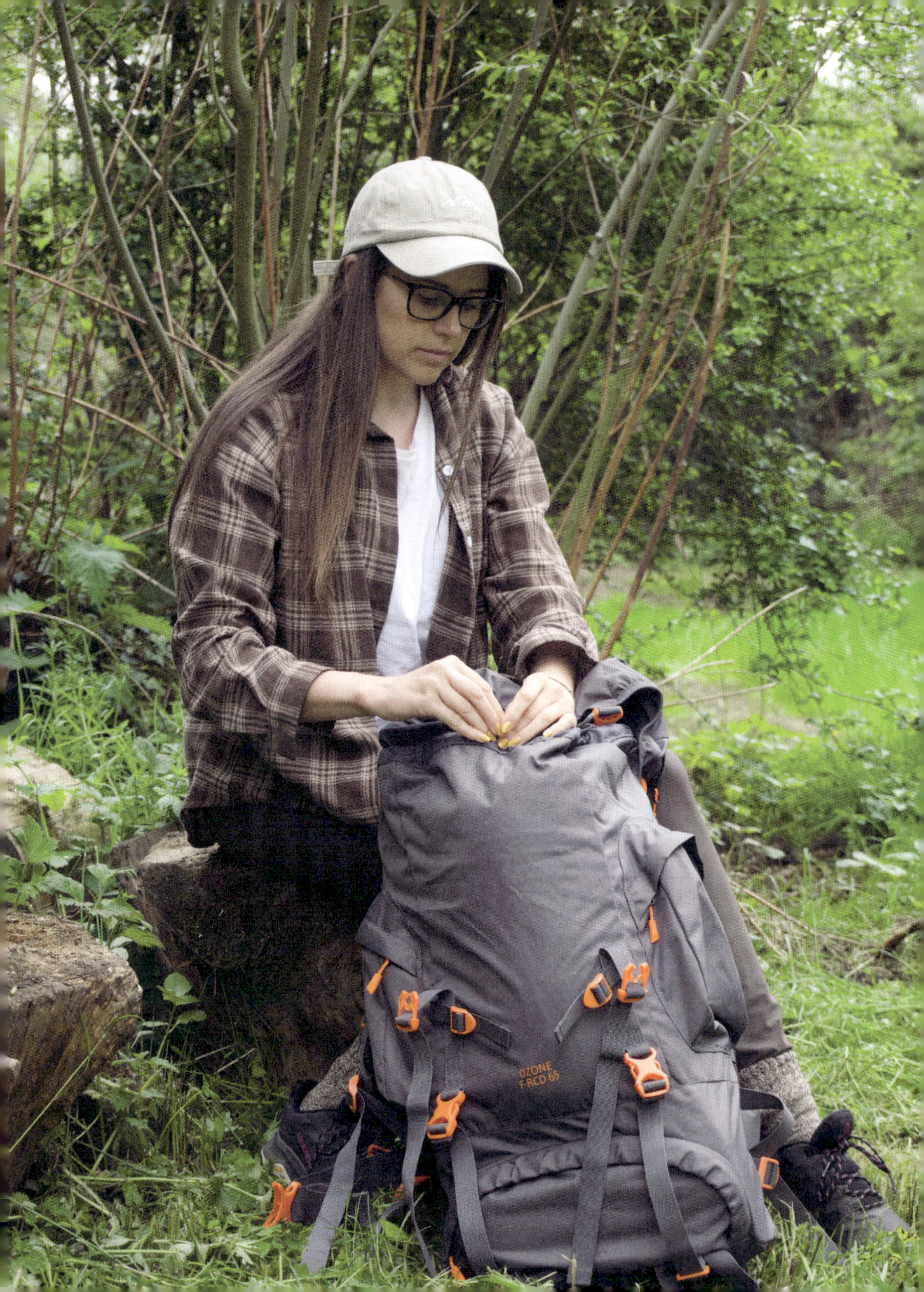
OZONE
F-RCD 65

凡是露营都有一定的危险，艾米不会因为害怕而不去，但她会提前查看天气预报，及时与母亲分享位置信息，确保家人知道自己大致的行程安排。各位露营爱好者也不妨一试，求个心安。但是，艾米从来不会在社交媒体上分享这些信息，以防被陌生人利用，危及人身安全，这非常值得学习。

参加露营活动以来，艾米不仅和旅友结下了深厚情谊，在公司里也发展得如鱼得水。她在大自然中调整自己的身心状态，不花一分钱，却获益良多：大自然鼓舞着她，锻炼着她，无论是在身体上还是心理上，都给她带来了一股新鲜的空气。返璞归真，简单生活，在大自然中寻求庇护，观察动物们如何生活，这些都让艾米将现实世界的压力抛诸脑后。正如她常说的那样，亲近自然比接受治疗划算多了！

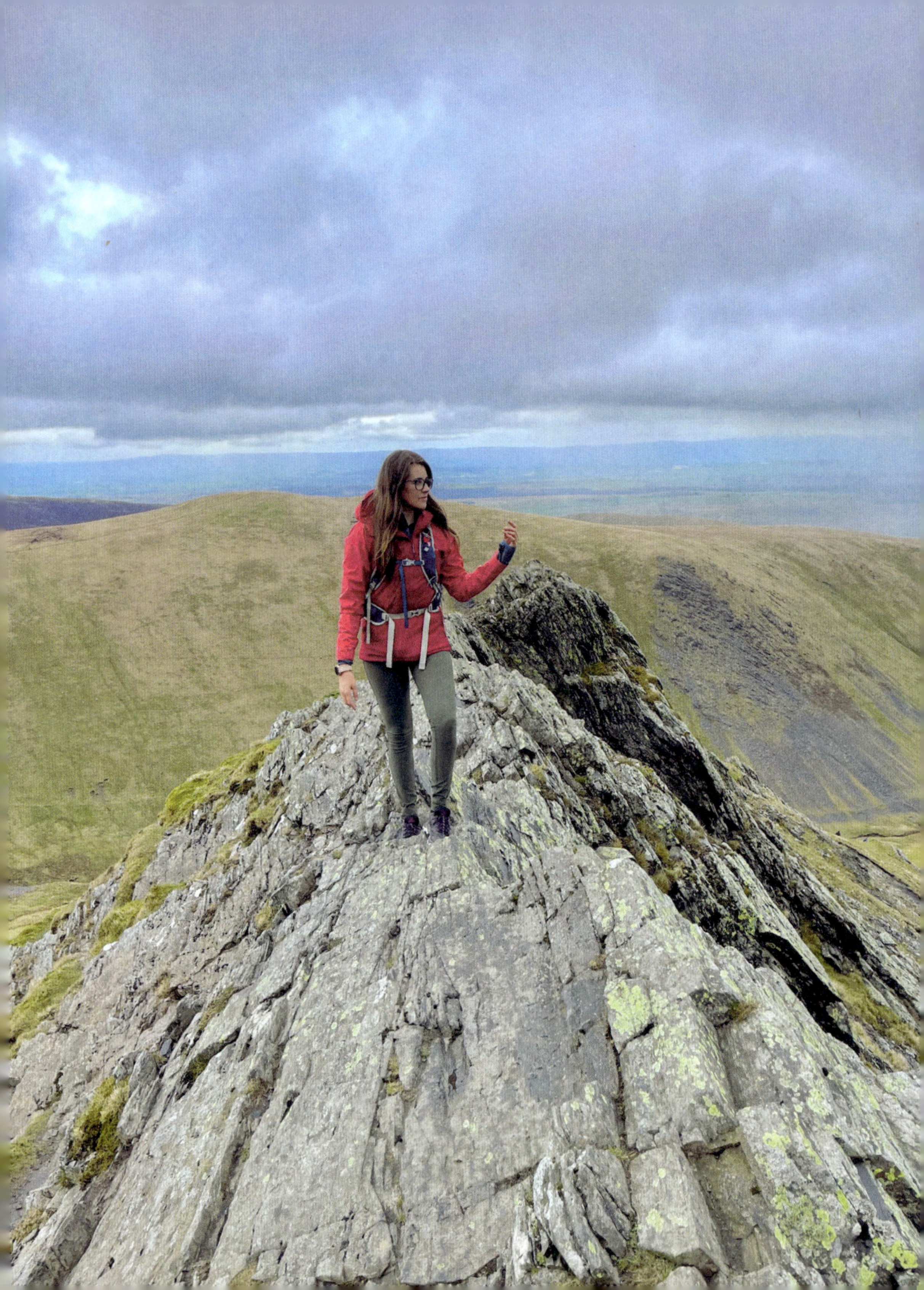

露营三大件

→ 哨子：求助时容易引起别人的注意

→ 存放干燥衣物的防水袋：可兼作枕头

→ 小铲子：用于把"垃圾"埋在远离小路的地方

最难忘的露营地

→ 那必然是美国新英格兰地区缅因州蓝山的山坡上，那是我第一次野外露营的地方。我永远不会忘记那个清晨，老鹰在头顶盘旋，我在湖中畅泳，早餐就吃新鲜蓝莓

→ 如果你喜欢和鹰、熊共赏蓝山美景的感觉，可以考虑到以下地点露营：
　　英国苏格兰　凯恩戈姆斯国家公园（Cairngorms National Park）
　　葡萄牙　亚速尔群岛（The Azores）
　　挪威　罗弗顿群岛（Lofoton Islands）

埃莉斯·麦凯布（挪威）

把露营的快乐传递给下一代

埃莉斯·麦凯布（Elise McCabe）一直很喜欢野外露营。当她还是个小女孩的时候，她的父母经常带她和她的兄弟姐妹到斯堪的纳维亚半岛的中心地带，在蓝蓝的天空下、如盖的树荫下搭帐篷露营。现在，她利用"滕特赛尔"的树帐，把自己对户外活动的热情传递给了孩子们，还坚持在照片墙账号上记录露营的乐趣。

8岁时，埃莉斯买了她人生的第一顶帐篷。那可能只是最普通的双人帐篷，但这代表她能离开父母独自探险，尽情深入荒野之地，按自己的想法探索这个世界。那时，她经常和朋友一起在森林里露营；现在，她试图和自己的孩子们一起探索露营的魅力，感受自然之美。

与其说埃莉斯和她的6个孩子拥有了一片林地，倒不如说，他们成了林地的一部分。对他们来说，夜里帐篷外传来的幼狐打闹声和驼鹿在林间穿行的脚步声，就像汽车声和邻居的问好声一样自然。他们关注四季轮回，留心山间景色的变化，每周都要去几次野外，细细观察那些我们大多数人自认无暇顾及的东西。这些围坐在火堆旁、"悬浮"在地面上的时光，每一段都独一无二，让他们惊叹不已。这种感觉买不到，打不断，过后也无法重温。时光是流动的，埃莉斯正在细细品味，一刻也不想错过。

这种奇妙的感觉还促使埃莉斯选择了树帐，而不是传统帐篷。一方面，是因为有孩子们在，动物可能会有点过于活跃，树帐更能保护孩子们免受侵袭。另一方面，睡树帐很舒服，充满了纯真的快乐。树帐是挂在树上悬空的，埃莉斯不必担心地面是否坑洼不平、碎石遍布或泥泞不堪。考虑到林地位于美丽的斯堪的纳维亚半岛，找树应该不是难事。只要找到3棵合适的树，她就能在15分钟内安装好帐篷，在上面和孩子们一起讲故事、玩游戏。

显然，埃莉斯对户外活动的热爱永远不会消退，而这种生活方式对孩子们的积极影响也推动着她不断走进荒野探索未知，风雨无阻。从小学会生火、做饭、搭窝、建秋千等技能，能让孩子们了解自己的基本生活需求，在世界上最刺激好玩的游乐场——大自然中玩得尽兴。同时，这也是让他们了解植物特性、昆虫名字等知识的好机会，能保护而不是扼杀他们的好奇心。

和埃莉斯一样，她的孩子们已经开始走进森林，露天宿营，为探险兴奋不已。这种兴奋感有一天也会传递给他们自己的孩子。对一些人而言，露营已经融入他们世代相传的血脉中，埃莉斯的故事无疑就是最好的证明。

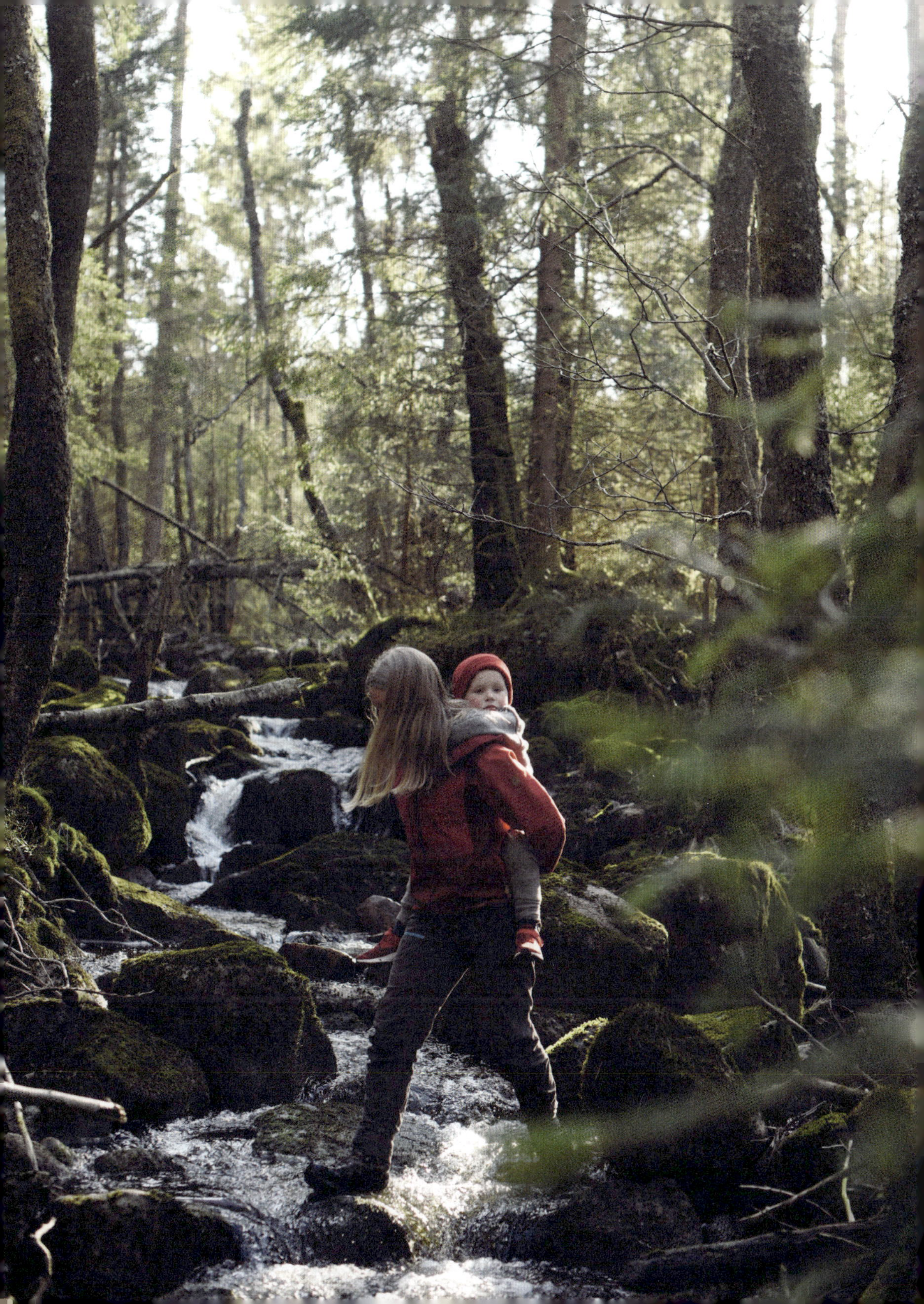

"要带上足够的食物,最好是即食食品
尤其是和孩子一起徒步的时候。"

露营三大件

→ 羊毛毯：在寒冷的冬夜用于取暖

→ 刀：用于生火烹饪

→ 手电筒：深夜离开树帐时用于照明

最难忘的露营地

→ 挪威海于克利（Haukeli）和勒尔达尔（Røldal）之间的一个地方，海拔约1000米，距我们的住处约4小时车程。那片美丽的山区有很多适合露营的地方，也有很多值得爬的山。在那里，你能看到山谷（勒尔达尔）和周围绵延数英里的山，景色非常壮观

→ 如果你喜欢在树上露营，探索海于克利和勒尔达尔这样的地方，可以考虑到以下地点露营：
　　葡萄牙　杜罗河谷（Douro River Valley）
　　英国苏格兰　斯凯岛（Isle of Skye）
　　美国加利福尼亚州
　　唐纳湖（Donner Lake）

第 1 章　离网探险者　015

凯文·希斯科（英国）

逃离数字世界，拥抱简单生活

专业摄影师、登山家凯文·希斯科（Kev Hiscoe）经常在英国的乡村露营。你经常能看到他在路边的睡袋里过夜，等天亮后再继续前行。你也可能见过他拿着一保温瓶的约克郡茶，招呼大家赶在日落前爬到山顶。这篇文章对我来说非常特别，因为当年是凯文带着6岁的我在奶奶的花园里露营，才让我第一次体会到露营的乐趣。现在，我这个光头表哥正在照片墙账号上记录他多年出入荒野的冒险经历。

凯文一生都在挑战自我、拥抱自然。他常年在公路生活和帐篷生活之间来回切换，游遍了欧洲和澳大利亚，真正做到了简化生活，活在当下。他顺利完成了"约克郡三峰挑战"（Yorkshire Three Peaks Challenge）[1]，也曾与人一起徒步穿越法国阿尔卑斯山脉，这些都让他志得意满。对他而言，户外生活最自在，一顶温暖的羊毛帽，比任何新奇花哨的小玩意儿都有用得多。

从和父母一起露营，到和朋友一起在本地树林里搭窝，再到和英军预备役军人一起搭建临时住所，凯文有丰富的户外经验。现在，露营是他放松的机会，让他从摄影师的高压工作中解脱出来，忘掉密密麻麻的日程表和一封接一封的提醒邮件，得以欣赏就在我和他身边的多样风景。旅途中，凯文会用便携式气炉煮简单的路餐，随身只带帐篷等基本必需品，轻装上阵，回归露营的本质。夏季露营，他有时甚至会舍弃帐篷，直接睡在露营袋里或吊床上，第二天在阳光中自然醒来，为晚起的队友准备早餐。

凯文从不会在家待太久，他总是"脚痒难耐"，所以他已经开始迎接下一个挑战了，那就是在一年之内，游遍历史上著名的温赖特[2]湖区指南列出的英国湖区内全部214座山丘。此外，他还计划去美国继续他的露营之旅。可以想象，未来几年的圣诞家庭聚会，我都会听到凯文讲他丰富多彩的冒险经历。看在老交情的份上，也许他还会邀请我和他一起去几回呢！

---

[1] 约克郡三峰挑战：参加者要在12小时内完成围绕英国约克郡河谷内3座主峰的环形步行。
[2] 温赖特，指阿尔弗雷德·温赖特（Alfred Wainwright，1907—1991年），英国山地徒步爱好者、旅游指南作家和插画家。

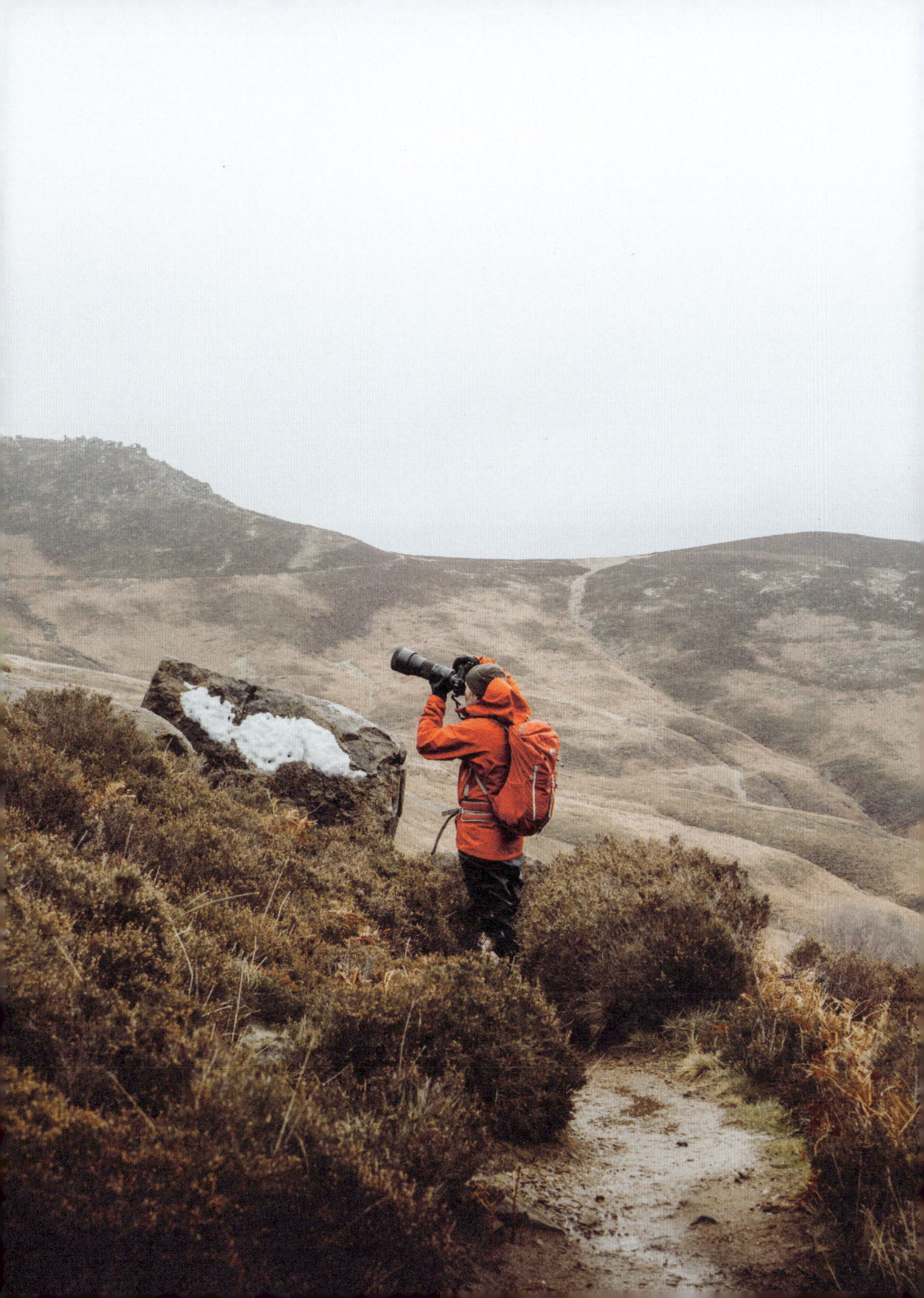

"要学会正确看地图，辨方向。在野外，技术手段并非万无一失，因此拥有当地的纸质地图以及读地图的能力至关重要。"

露营三大件

→ "捷宝"的炉具：用于沏一杯好茶

→ 小号头灯：夜间在帐篷内行走或天色渐暗时赶路可用

→ 备用电池：用于保证头灯常亮

最难忘的露营地

→ 法国阿尔卑斯山脉。对我来说，在那里露营时，必须要玩单板滑雪，我一有机会就会去滑。有一次长距离徒步旅行，我朋友还以为有个雪人在追我们

→ 如果你觉得和雪人一起体验冰雪运动，在法国阿尔卑斯山脉露营听起来很有趣，可以考虑到以下地点露营：
　　美国加利福尼亚州　马默斯山（Mammoth Mountain）
　　新西兰　三锥山（Treble Cone）
　　芬兰　鲁卡山（Ruka）

阿比（英国）

背起背包就是家

蓝天碧野对于我们很多人来说，只是忙里偷闲的小憩之所，我们想去就去，并没有充分意识到，自己能够随心所欲地徒步登山或横穿山路有多么幸运。但对阿比（Abbie）来说，大自然是她赖以生存的生命线，不仅有益身心，挽救了她几近消逝的生命，也彻底改变了她的人生观。

阿比在20岁时被诊断出患有纤维肌痛，她的各项身体机能都会大幅度下降，可能一辈子离不开轮椅，也不能正常工作。这对任何人来说都是非常可怕的，但阿比没有被即将到来的厄运吓倒，反而满怀希望，意志坚定，每天都在努力提高自己的心理素质和身体素质。10年过去了，不久前，她刚完成了近60千米的英国威尔士兰戈伦（Llangollen）环线徒步之旅，爬升超过2750米。事实证明，没有她翻不过的山，也没有她跨不过的坎。

毫不夸张地说，阿比染上了一种"野外露营病"（我指的不是她某次露营被蜱虫叮咬腹部后染上的字面意义上的病）。重重山峦像磁铁一样，吸引她度过了无数躺在山间，抬头看星星的舒心时光，这无疑会成为她和亲友们毕生难忘的回忆。

考虑到自己的身体状况，阿比每次探险都会挑好装备，做足准备。她吃过苦头，知道负重过多就少了很多乐趣，也会消耗她不少力气。但如果只携带双人帐篷等基本必需品以及咖啡，她就能轻松做到连续徒步数小时，走得甚至比她想象的还要远。出发前，阿比会对照自己列出的装备清单逐项检查，再熟练地把真空包装的食品、充电器、炉具、睡袋、吊床、足够的水和净水丸（以防水耗尽）等一一装到她75升的"鱼鹰"背包里。

阿比选择轻装上阵是为了走起来舒服。以往她沿着悬崖边走时，有好几次都被风吹得差点失去平衡。在这样富有挑战性的野外环境中，如果背包又重，风雨又大，她很难站稳。

"要在山上度过一个安全的夜晚，关键是要熟悉周边环境，认真研究你的具体位置和可行路径，随身携带地图和指南针，以防手机信号不佳。"

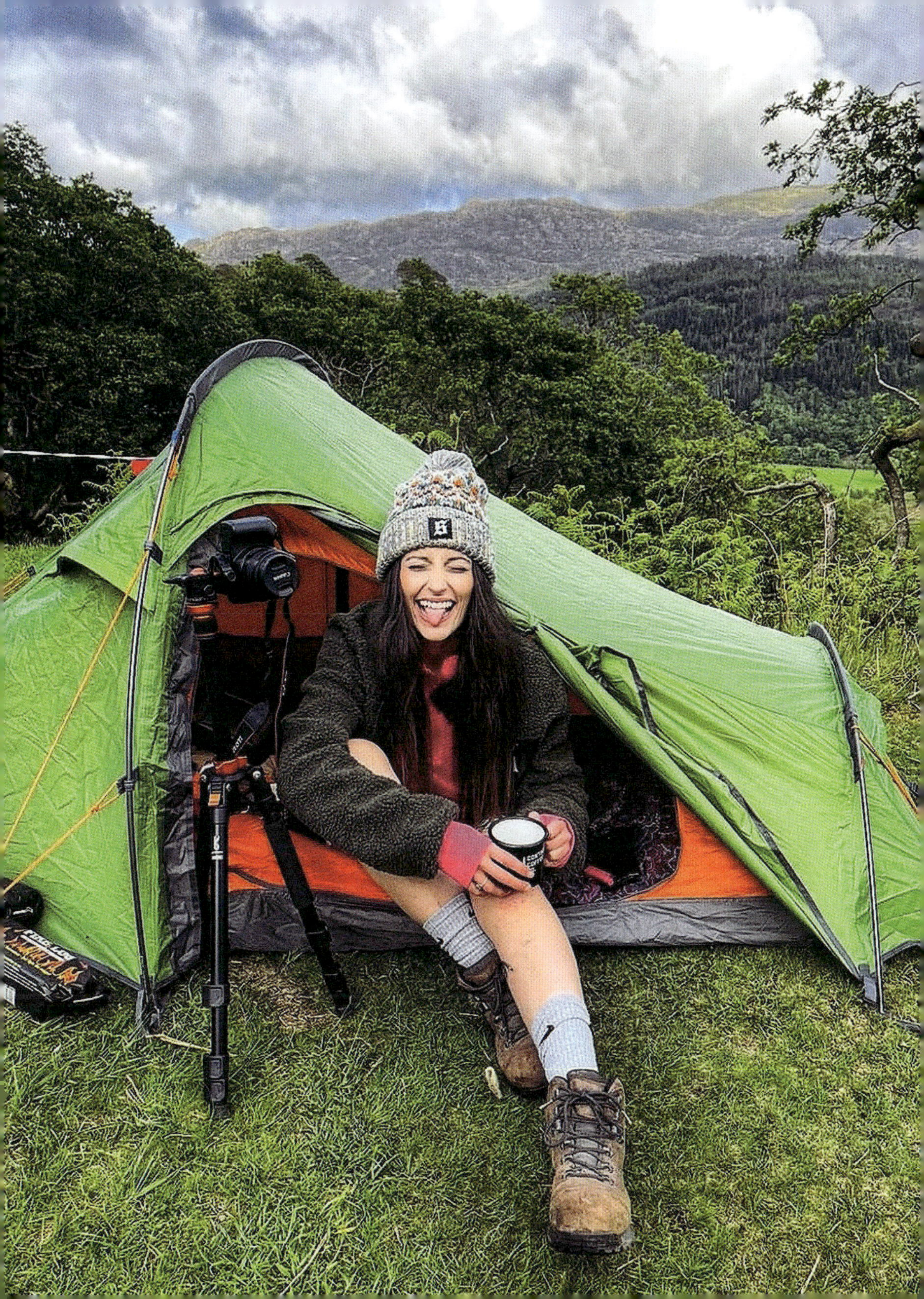

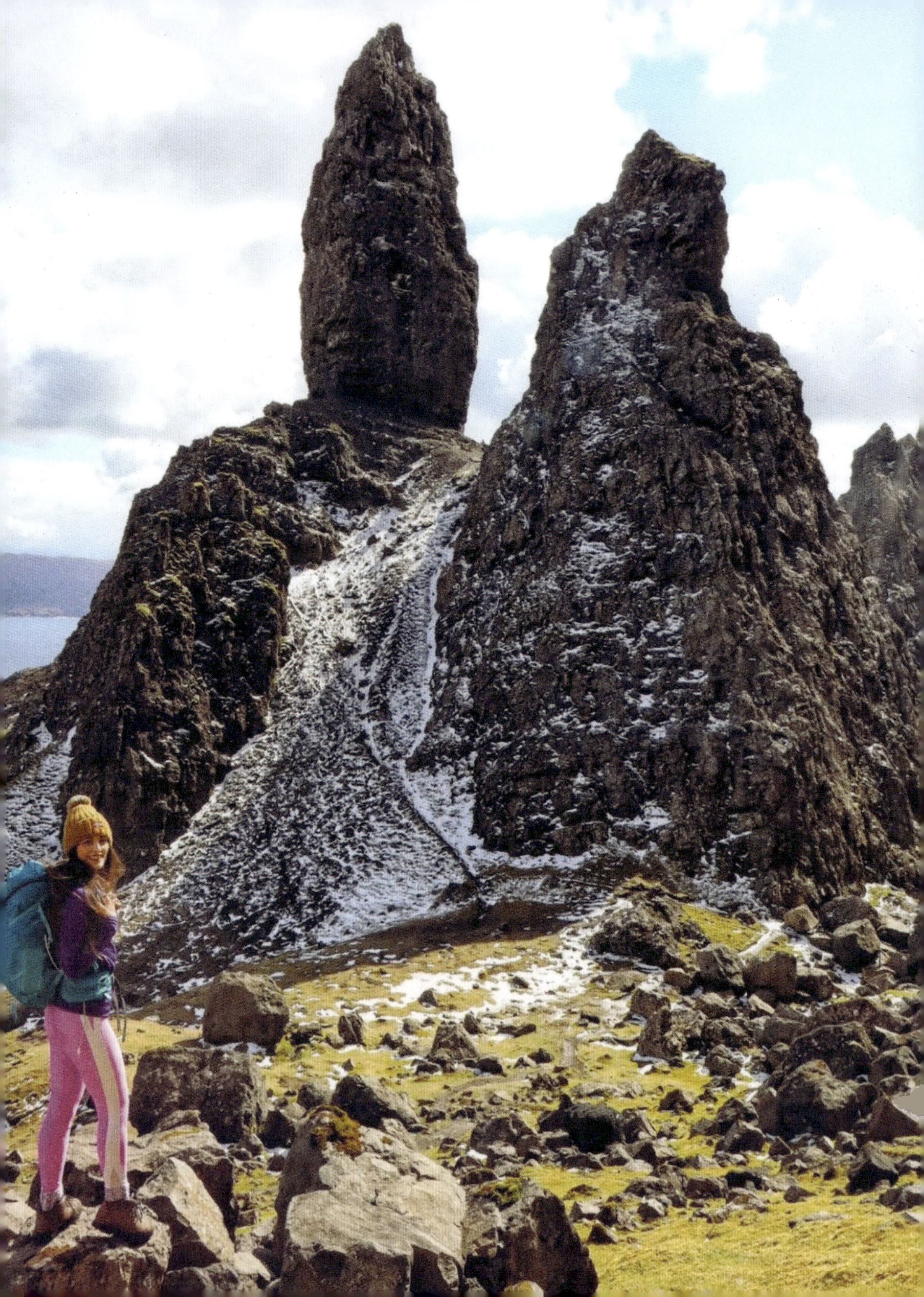

事实上，她比大多数人都更清楚查看周边环境、研究徒步路线和关注天气变化的重要性，特别是在偏远地带露营的时候。大自然母亲有时冷酷无情，让人感觉无法抗衡，但阿比迄今为止的锻炼效果非常显著，她决不会允许出现任何意外。

阿比常常花好几个小时在网上搜寻美景，或其他瀑布众多、岩层复杂之处，那是她最喜欢探索的自然风貌。一找到新奇有趣的地方，她就前往露营，频次之高非常人所及，这都源于她对露营的热爱。对于阿比来说，露营不是一时的风尚，让人玩几个月就心生厌倦，转而追逐更新的潮流。它已经融入她的基因，参与塑造了现在这个韧性十足的她。当初医生的诊断没有让她身心受创，反而点燃了她探索世界的热情，改变了她的一生。阿比的刚毅值得我们所有人学习，她用事实证明，户外的时光不会虚度，只要有决心有毅力，就没有做不成的事。

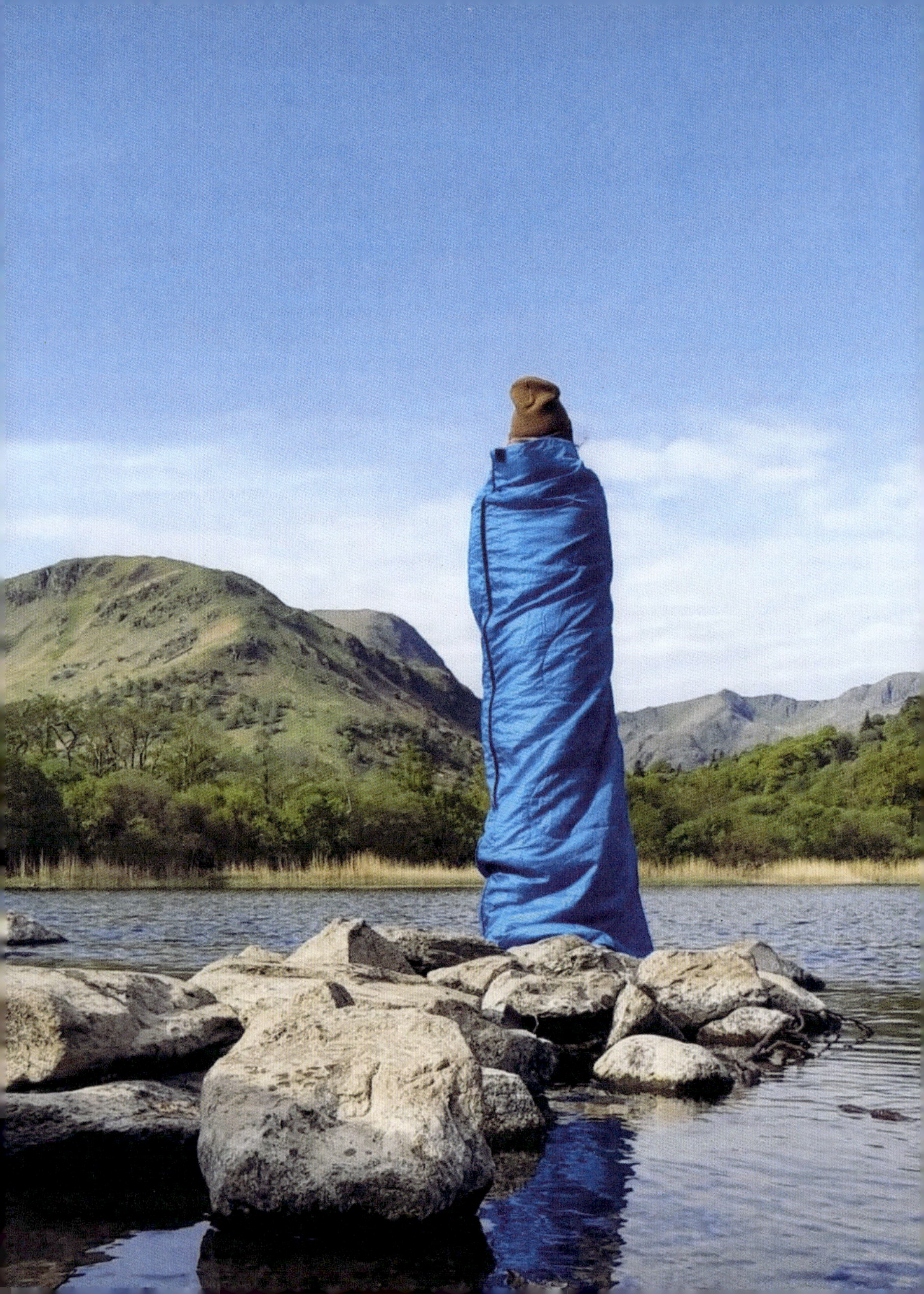

露营三大件

→ 便携自动充气床：让你在树根凸出、碎石遍布的地方也能睡个好觉

→ "捷宝"的炉具：因为这种小炉子不会像大炉子那样把我的头发点着……那次真的好险

→ 我的帐篷，还有"联结"（Contact）的咖啡胶囊：帐篷是旅行者的家外之家，喝咖啡的好地方……没有什么比这更惬意的

最难忘的露营地

→ 英国波特里（Portree）斯凯岛。这里悬崖边上的景色真令人叹为观止！我会永远怀念与伴侣和狗一起欣赏斯托尔山老人峰步道（The Old Man of Storr）沿线美景的时光

→ 如果你想欣赏斯凯岛上的美景，可以考虑到以下地点露营：
　　丹麦　法罗群岛（Faroe Islands）
　　意大利　卡布里（Capri）
　　美国夏威夷州　考爱岛（Kauai），一定要去看看

第 1 章　离网探险者

布伦登·温赖特（南非）

在新月的指引下出发

帐篷正是遮风挡雨的好地方，不是吗？布伦登·温赖特（Brendon Wainwright）对露营的爱始于孩提时代，那时他就会用桌布和枕头在客厅里搭建"营地"。2015年，布伦登把桌布换成了人生第一个像样的三人帐篷，开始到茫茫野外探险。每逢新月，他都会和朋友一起走进南非美丽的荒野，顶着满天繁星入眠。从南非德拉肯斯堡山脉到纳米比亚海岸，布伦登找到了那些露营爱好者所知的最偏远的露营地，尽可能地在光污染较低的地方观察夜空，探索无垠宇宙的奥秘。

作为一名摄影爱好者，布伦登扎营的地方不仅要适合睡觉，还要方便拍照。确保周边环境安全后，他就会开始找这种平坦舒适、又能挡住帐篷的地方。找到隐蔽处至关重要，因为南非其实并不提倡野外露营。布伦登之所以没有在指定区域内露营，是想看看自己能不能在真正的野外找到合适的露营地。为此，他甚至把目光投向了离最近的公路有几小时路程的干涸河床，以及类似的隐秘之地，可谓真正的与世隔绝。

布伦登的露营之旅一般持续2～10天不等。最长那次，他去了纳米比亚南部，一路在野外扎营过夜。出于这种对户外生活的极致热爱，布伦登考取了高山向导专业资质证书。自2019年以来，他一直带领普通登山爱好者攀登南非开普敦的桌山（Table Mountain），以赚取未来几年新月之旅的旅资。

纳米比亚也许在布伦登心中有着特殊的地位，但开普敦北部美丽的锡德伯格荒野保护区才真正始终牵动着他的心神。在那里，他与荒野融为一体，近距离加以研究，满袋子都是相机电池，满脑子都是梦想。他的座右铭是"除了时间什么也别消耗，除了热量什么也别燃烧"。全世界的人都应该听听这句话，努力为子孙后代保护这些野外露营地，乃至整个地球。

"露营前应征得土地所有者的同意，并将自己的旅行计划和预计旅行时间告知不参与此次旅行的人。"

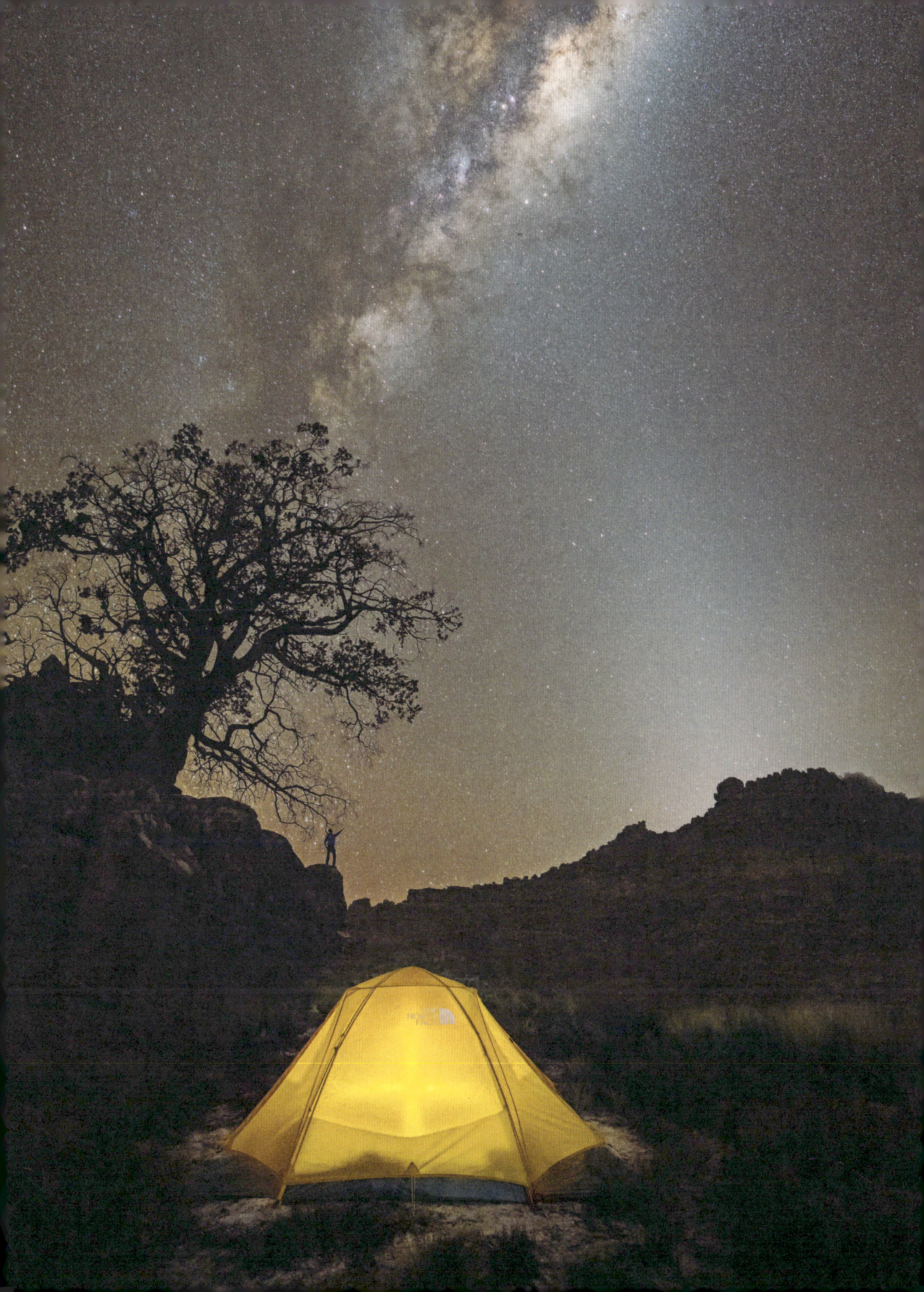

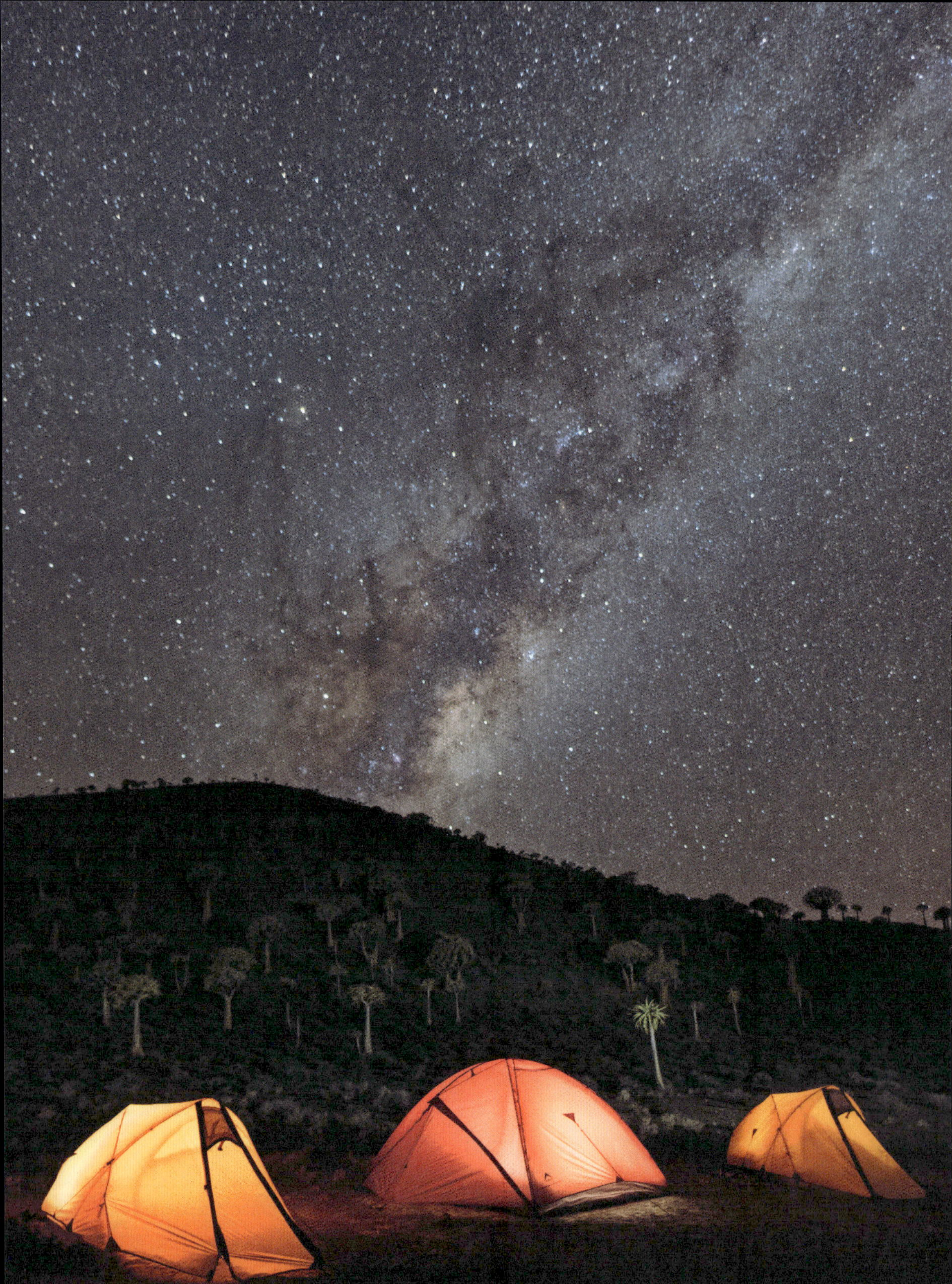

露营三大件

- 数码单反相机：用于记录新月之旅或躺着拍星星
- 摩卡壶：每个露营的人都需要一杯好咖啡，元气满满地开启新的一天
- 手机：如果信号允许，用于制作并上传实时影像记录

最难忘的露营地

- 锡德伯格荒野保护区在我心里地位特殊；它距开普敦2小时车程，那里有真正漆黑的夜晚和最为奇特的岩层！我总会回去看看
- 如果你喜欢锡德伯格荒野保护区内的奇妙岩层，可以考虑到以下地点露营：
  美国犹他州　宰恩国家公园（Zion National Park）
  新西兰　峡湾国家公园（Fiordland National Park）
  加拿大艾伯塔省　沃特顿湖群国家公园（Waterton Lakes National Park）

第 1 章　离网探险者

爱露营的勇香（日本）

在大自然中充实自己

有时候，只要坚持做自己喜欢的事情，就能产生绝妙的创意。勇香（Yuuca）把她对野外和露营的热爱融入了她开发的新产品中，使之成为既实用又时尚的露营单品。这款产品叫"小马甲"，是一种类似塔巴德式（tabard-like）外衣❶的上衣，上面加了很多口袋和织带以放置各种露营装备，设计巧妙又方便，凝聚了她探索日本奥琵琶湖露营地（Okubiwako Campground）和濑户内海（Seto Inland Sea）自然美景时的心得与思考。产品一经推出，就在广大露营爱好者中引发了强烈反响，常常开售没几分钟就售罄。

勇香和她的丈夫都是公路生活和帐篷生活的爱好者，生活节奏较慢，每到一处，就从容地搭好帐篷，布置好营地。在亚马孙（Amazon）买了一顶便宜的帐篷后，勇香就爱上了露营。现在，她有10顶帐篷可供选择，多年以来也积攒了很多其他实用装备，足以满足不同季节的露营需求。也就是说，今后每次露营，她都能给自己配备最合适的装备了。

四季总是悄然更替，很少有人会注意到随之而来的细微变化，但勇香和她的丈夫一直践行户外生活方式，观察树木如何逐步凋零，动物如何筑窝冬眠。他们能感觉到，周围的世界正不断变化，丰富着他们的整个生活。四季之中，冬季露营最具挑战性。勇香深知多花点钱保平安的重要性；她对极端天气保持敬畏，始终以谨慎的态度参与露营。毕竟，原路返回改天再去，总好过一觉醒来发现自己被冻伤了。

每次到达计划露营地后，勇香和丈夫就会各展所长。他们用实际行动证明，成功的露营需要所有参与者密切协作。勇香一般负责摆放装备、做饭和拍照，她的丈夫则负责开车，安装好所有装备并将其一一归位，整个流程就像一台上了油的机器，顺畅无比，勇香对此也十分满意。她和丈夫都认为，独自露营过于孤独，若两人做伴，则无论在哪里露营，都一定会充满欢声笑语，留下许多美好的回忆。

"面对恶劣天气，要敢于放弃露营计划，这很重要。这不是失败，而恰恰是随机应变。"

---

❶ 塔巴德式外衣，由前后两片组成，无领无袖。

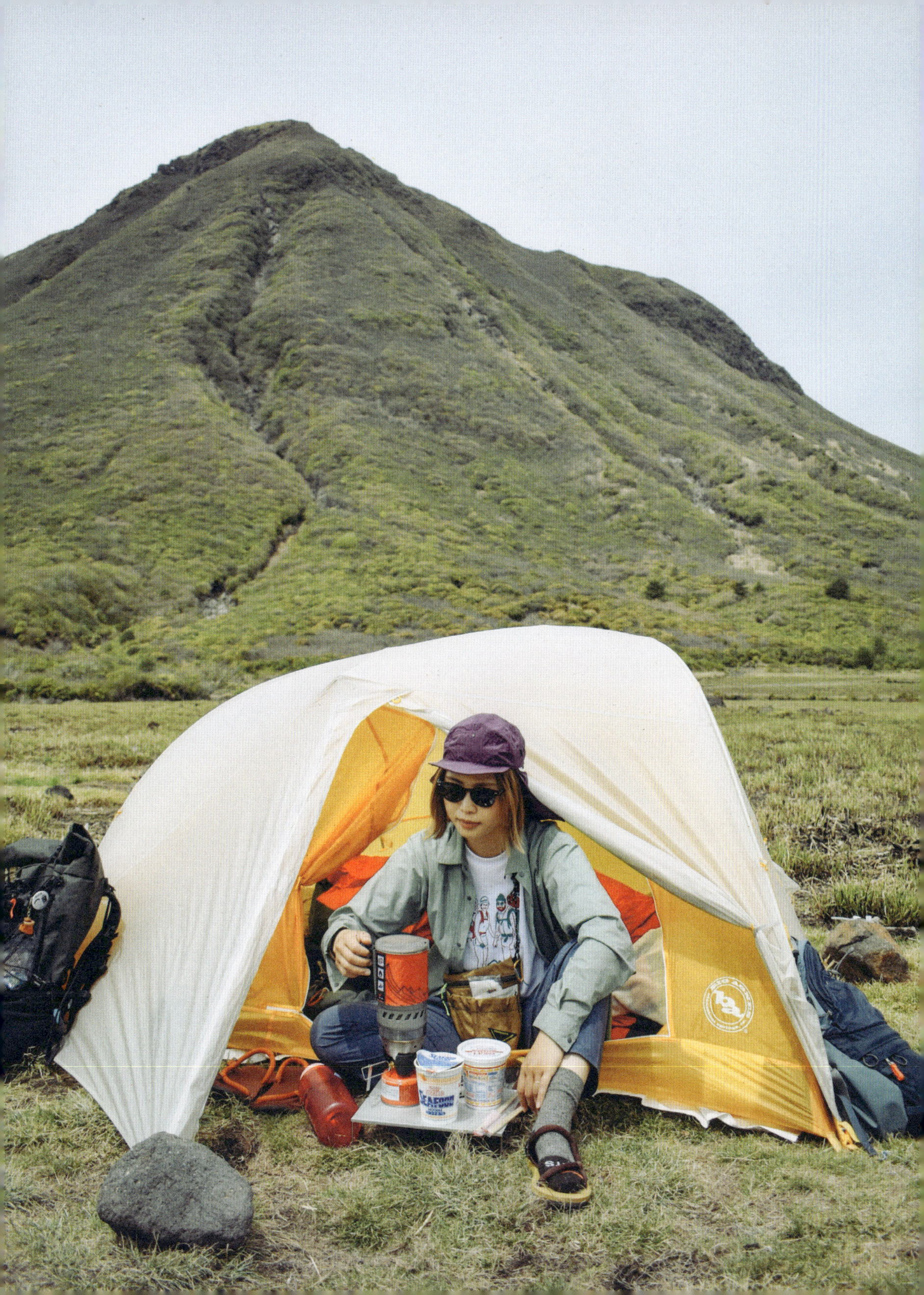

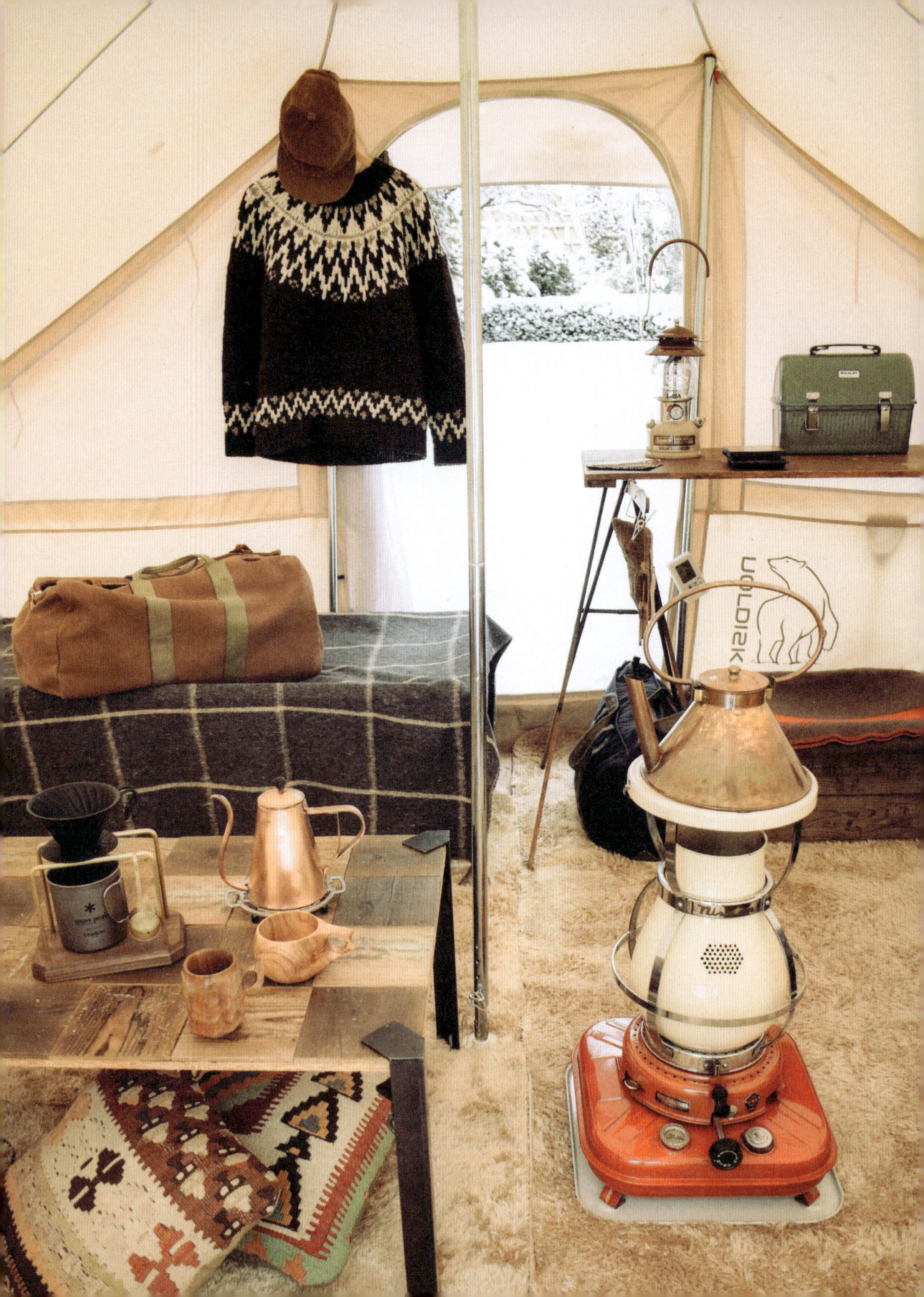
snow peak

露营三大件

→ 睡袋：让你一年四季都温暖舒适

→ 相机：用于记录我们的露营之旅，以及在野外推广"小马甲"

→ 我的丈夫

最难忘的露营地

→ 日本北部北海道。这是我方便去的离我家最远的地方，当地美景、美食数不胜数

→ 如果你喜欢北海道的美食盛宴与山光水色，可以考虑到以下地点露营：
　　瑞士　洛桑（Lausanne）
　　加拿大不列颠哥伦比亚省　奇姆山（Mount Cheam）
　　荷兰　利瑟（Lisse）

马丁·霍恩西（英国）

从崭新的视角重新探索自然之美

2018年，马丁第一次接触了野外露营。这一年，他踏上了前往南美洲的冒险之旅，在领队的带领下，徒步探索了安第斯山。他一直热爱旅行和探险，自然是立刻对野外露营的生活方式产生了兴趣，急切地想要了解更多。之后，在一位朋友和英国野外露营Facebook小组的帮助下，他兴奋地发现，尽管他对露营了解甚浅，但这项运动在他的祖国可谓遍地开花，诸多背包客会前往英国各地风景秀丽却鲜为人知的偏僻地方，享受野营时光。

马丁说得没错，野营生活的魅力就在于寻觅美景。听完他分享自己迄今为止在野外旅行中偶遇的美景后，我们都会认同这一观点。对他来说，独自在山上过夜比到露营地打卡更令人兴奋。在周末，他欣然离开家乡赫尔（Hull），投身大自然的怀抱。他更喜欢自己选择扎营地点，渴望在帐篷里观日出赏日落。他喜欢随兴而为，拥抱崭新机会，享受刺激。

但是在偏远地区，我们总有陷入危险境地的风险。虽然英国没有可以对露营者造成伤害的野生动物，顶多就是愤怒的奶牛想要和人单挑，但露营者可能会因为恶劣的天气被困在山中，也可能会在徒步时摔倒。马丁会确保伴侣和父母知晓他的目的地，并会在谷歌地图上将地址标注出来，方便他们了解他帐篷的确切位置和周边状况。

露营的初期准备花费不菲，但只要拥有合适的装备，你就可以随时出发去自己想去的地方，非常方便。马丁查阅了视频网站上的多篇评论，并同英国野营Facebook小组的成员进行了交流，很快就买齐了合适的装备。这些装备可以帮助他徒步，还能保护他的人身安全，让他时刻保持警觉，同时保证他不会饿着肚子。旅行时，他的Alpkit Brukit烹饪系统从不离身。这是一套完善的、多合一的烹饪系统，能够完美胜任从制作热饮到烹制大餐的多项任务。该系统使用230克燃气罐，每瓶装载了露营10次左右所需的燃气。马丁将气罐整齐地存放在他的工具包里，每次旅行打包起来都非常简便。根据天气或目的地的不同，马丁会切换使用他的希尔伯格（Hilleberg）Allak 2四季帐篷和普通露营帐篷，以应对各种偶发状况，不让自然因素阻挡他周末外出的脚步。

"在挑选露营地之前,需要查看地形图,以了解当地地貌。用谷歌地图也可以,很多人会在上面上传各个地区的照片。"

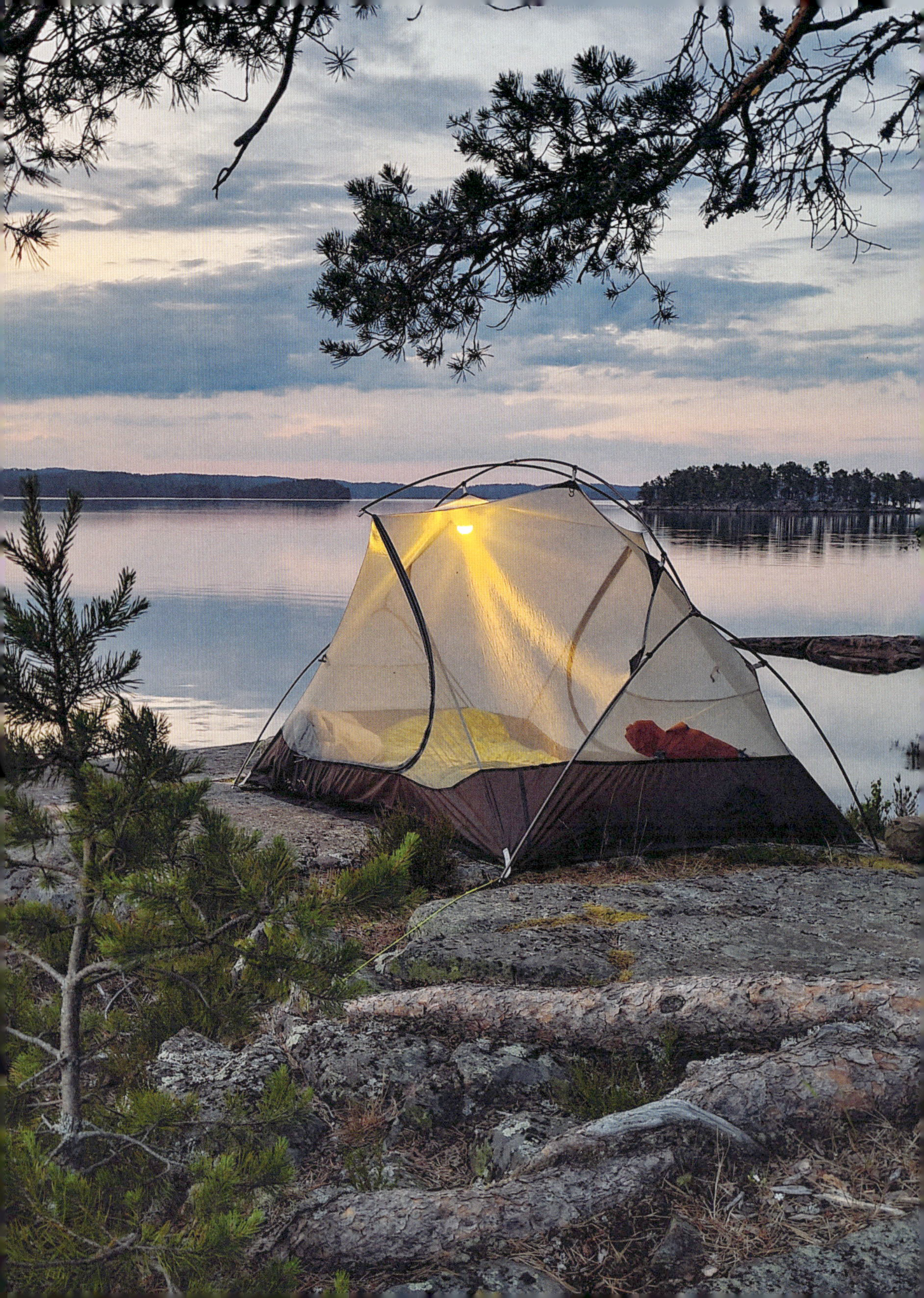

露营三大件

→ 睡袋：用于在寒冷的夜晚保暖

→ 移动电源：用于保证装备都能充好电

→ Alpkit Brukit 烹饪系统：用于制作热饮、烹饪食物

最难忘的露营地

→ 苏格兰西北海岸，那里就像另一个世界。如果你还没去过，记得把它列入你的旅行清单

→ 如果你喜欢在苏格兰西北海岸露营，不妨也考虑以下几个地点：
　　捷克共和国　斯涅日卡山（Sněžka）
　　科西嘉岛　钦托山（Monte Cinto）
　　德国　费尔德山（Feldberg）

第 1 章　离网探险者　037

离网探险者养成攻略

1. 为自己约一堂专家课

第一次探险，与其装备满满、脑袋空空地独自出门，不如向有经验的专家约课，学习其中诀窍。这样一旦路上出了问题，有人会教你阅读开放街道地图（OS map），辨别方向，寻找水源以及其他简单的生存技能，是大有裨益的。

2. 出发前查阅当地地图

出发前，一定要仔细研究目的地相关信息，熟悉当地地形、地貌。如果你对途经的地形类型和复杂地形区的位置心中有数，就能据此规划路线。

3. 练习使用指南针

只是知道指南针的实际用途，还远远不够，走出家门，先和朋友从比较简单的路线练起，再慢慢加大难度，直到你确信自己能找到任何坐标物。

4. 带上合适的装备

即使阳光明媚，也要带上轻便的防护装备，以防风雨突袭。天气是出了名的说变就变，所以出行前一定要做好准备。不要忘带防晒霜、各种电子设备的充电装置以及足够的水等露营必需品。如果你不知道该带什么，就在社交媒体上和其他徒步爱好者、露营爱好者聊聊，筛选出那些最重要的装备。

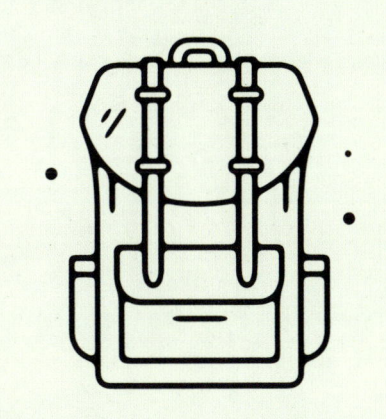

5. 慢慢走出自己的舒适区

如果你只在自家后花园露过营，就不要打尼泊尔安纳布尔纳峰环线（Annapurna Circuit）的主意。罗马不是一日建成的，慢慢积累你的露营经验，以免贪多嚼不烂。

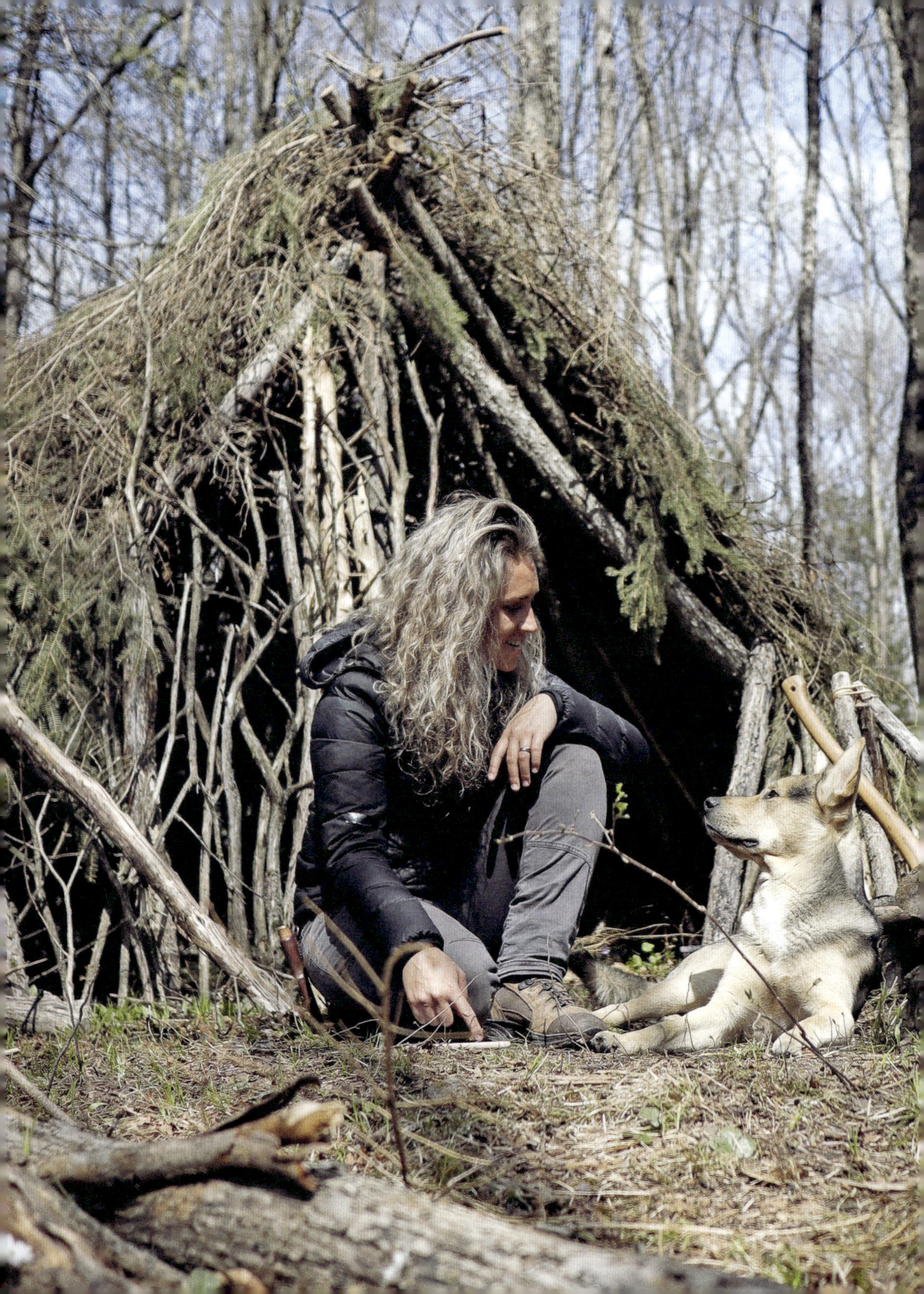

第 2 章
丛林技能及野外生存专家

有多少人知道如何在困境中求生？

你会用树枝和麻绳搭一个临时庇护所吗？你会在野外生火或觅食吗？大多数人对极端环境下生存所需的技能并不关心，或者更确切地说，在这个高度现代化的社会，可能只有在看灾难片或开着性能堪忧的车在茫茫荒野中穿行时，才会想起这回事。

但说实话，上学时我根本不想学什么毕达哥拉斯定理（即勾股定理）或化学反应，只想学习怎么在野外照顾好自己，像那些我最喜欢的探险家一样，在极端条件下也能生存。

可惜，我还没有做到过。我在野外遇到的最大挑战，就是有一次野餐，要说服自己吃下刚掉在地上的三明治。但是多亏了这一章的主角们，我开始重燃探索大自然的热情，只靠双手及掌握的生存技能，小心谨慎又满怀敬意地挖掘和利用周边自然环境，竟也活得有滋有味。希望你也能像我一样从这一章中受益。

凯特琳·廷贝尔（加拿大）

在河边小木屋里野蛮生长

大家都知道，多去野外走走，换换脑子大有益处。凯特琳·廷贝尔（Caitlin Timber）在一个打击家庭暴力和人口贩卖的组织工作，常年劳心劳力。避免过度劳累最好的方式，就是走进大自然。于是，她主动与主管领导沟通，表示将优先考虑自己的心理健康，希望从压力过大的工作环境中解脱出来。随后，她前往加拿大安大略省的基拉尼省立公园（Killarney Provincial Park），开启了她的第一次独木舟与帐篷露营之旅。身处野外，凯特琳逐渐回归本我，更好地体察到了自己的想法和感受，重新开始珍视食物、住处和温暖这些在纷繁世间易被我们视为理所当然的东西。

凯特琳从小就看着她的妈妈独自组织、开展各种野外露营之旅。对她而言，独自探险是再正常不过的事，女性可以，也应该和男性一样在野外体验到安全感和归属感。现在，她正把这种户外活动自主权意识传递给她的女儿。在女儿7个月大的时候，凯特琳就带她去露营了。她告诉我，要建立孩子对户外活动的信心，关键是要以身作则，让孩子产生积极联想。如果她露营的时候感到焦虑不安，她的女儿很快就会注意到；但如果她从容应对一切，一直表现得镇定而放松，那么她的女儿就会觉得野外是一个有趣、安全的地方。

如果不带着土拨鼠帐篷去露营，凯特琳就住在河边的小木屋里，周围是美丽的森林和蜿蜒的河流。她在女儿很小的时候就给她穿上救生衣，让她在浴缸里亲近、适应水。她还火速在后院搭了一个游戏帐篷，让女儿重温自己童年和兄弟姐妹一起在户外搭建"堡垒"玩耍的时光。现在，她和丈夫花了大量的时间改进冬季露营时搭建庇护所的方法，使其比传统帐篷更暖，靠近火时也更安全。

凯特琳和丈夫很喜欢在旅途中做饭，他们一点都不觉得麻烦或辛苦。他们尝试了不同的口味，还想了很多新的烹饪方法，力求在野外也能做出最喜欢的菜。最夸张的一次，凯特琳甚至做出了一个巧克力蛋糕来庆祝丈夫的生日。他们会把果蔬的皮扔到火里，尽可能地减少垃圾，甚至还会利用冻肉的低温为其他食物保鲜。不管去哪里，他们都会带着一个火绒袋，里面装满了树皮和大大小小的树枝。有了它，凯特琳就能随时随地轻松地生起火来。

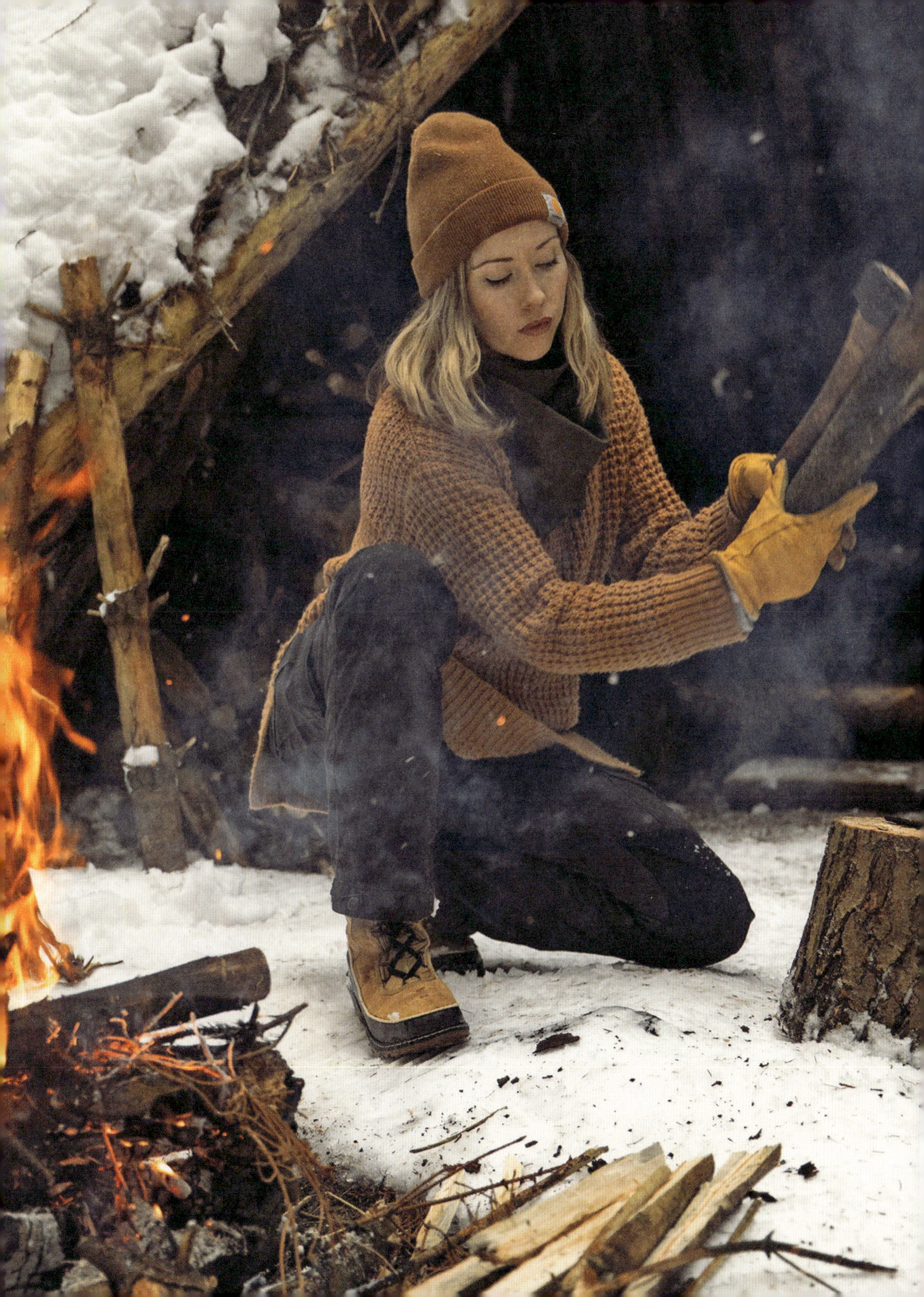

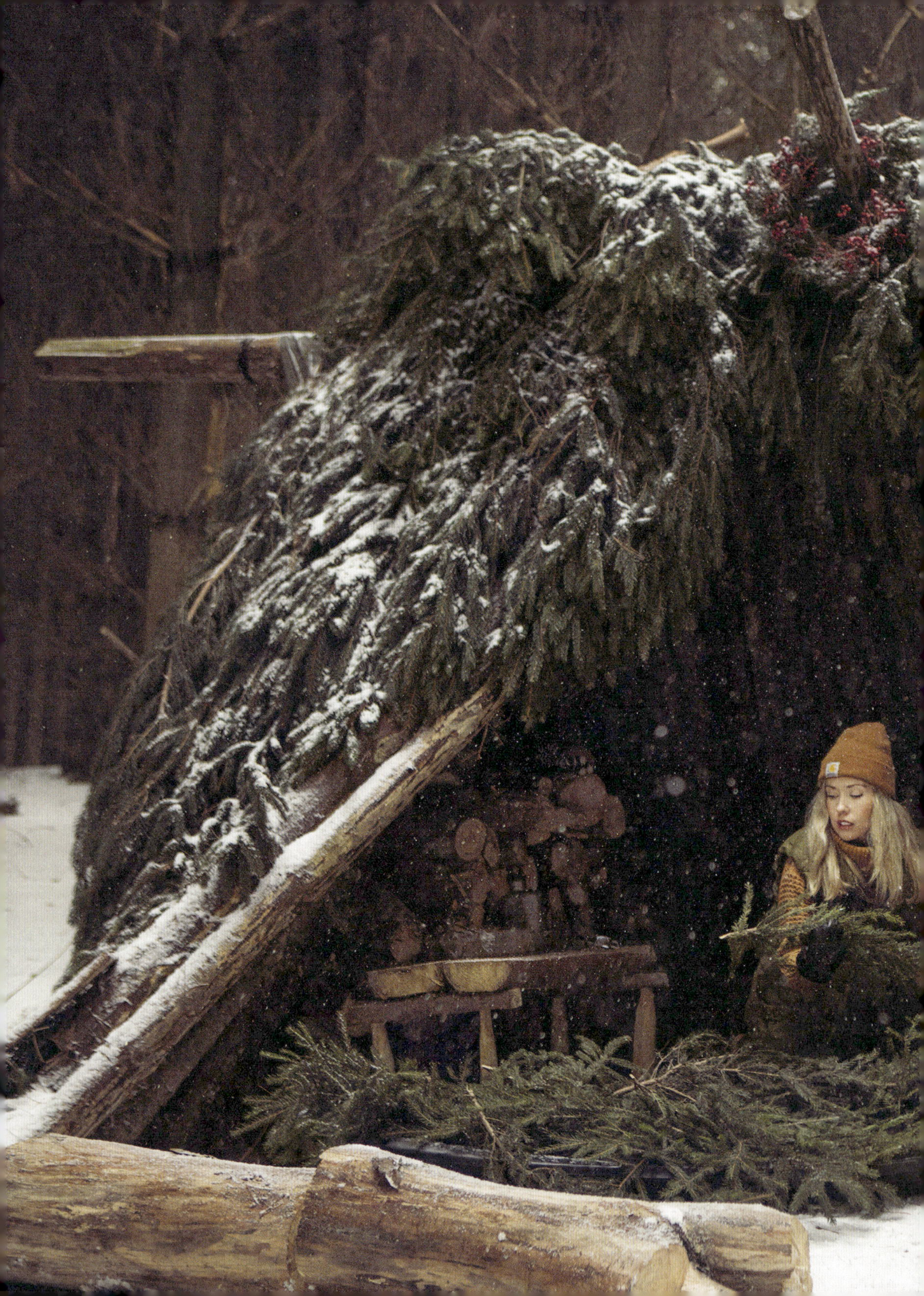

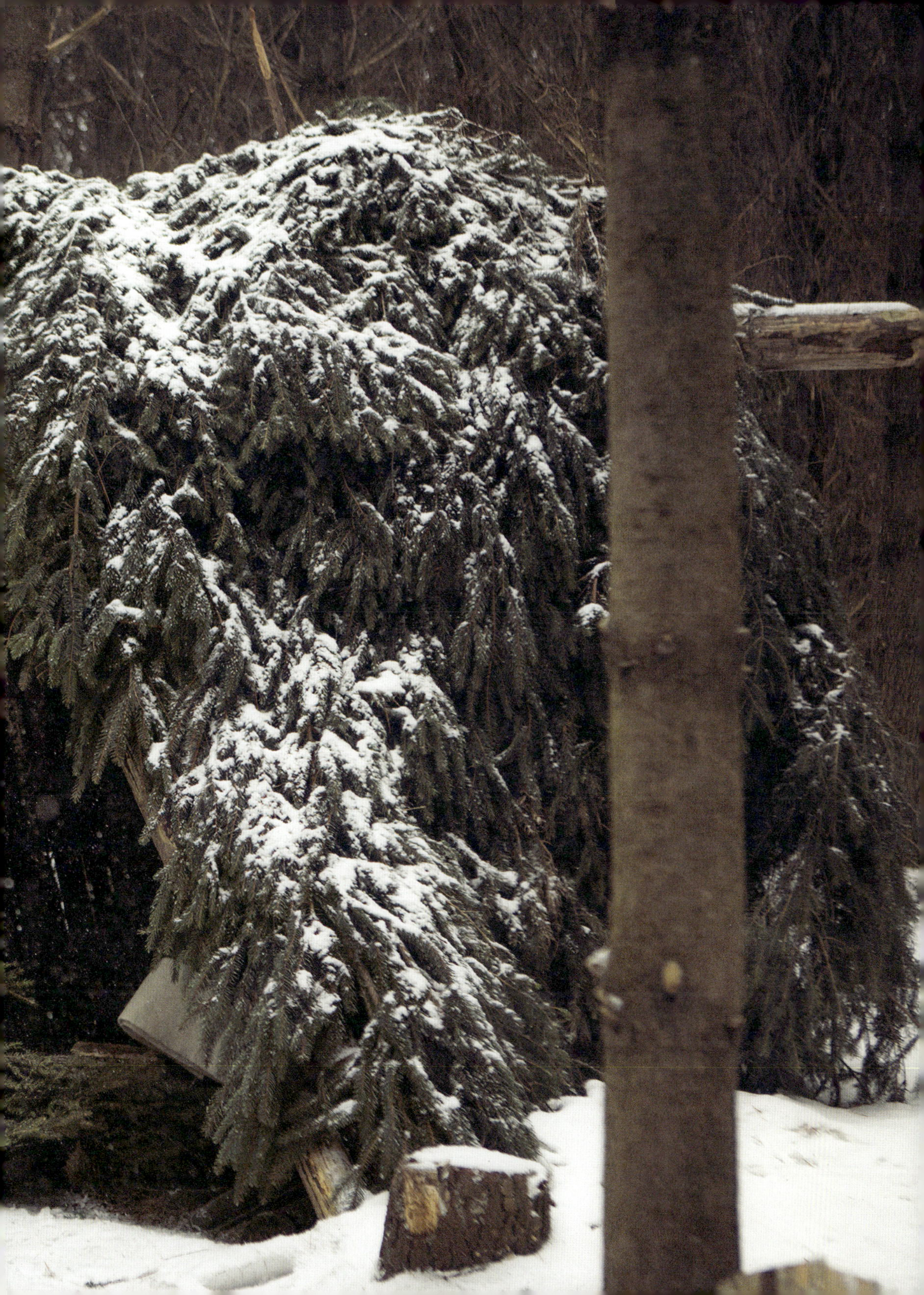

"想好要带多少行李。我们刚开始露营的时候,总会带上纸牌和书等消遣时光。现在,大自然足以满足我的一切娱乐需求。"

露营三大件

→ 铁棒（打火棒）：用于打出火星，进而生火

→ 刀：用于在野外搭建庇护所

→ 装满水的水壶：用于在旅途中供应水分

最难忘的露营地

→ 加拿大安大略省北部泰马加密（Temagami）地区中心。经过25分钟颠簸的水上飞机之旅，我们看到了一片美丽的湖泊。那里有高高的白松、布满岩石的峭壁、散布的岛屿和沙滩可待探索，唯独没有其他露营者。我们给自己倒了点葡萄酒，然后就开始休息，直到5天后飞机回来接我们

→ 如果你也想去一个只有你自己的僻静湖泊来一场放松之旅，可以考虑到以下地点露营：
　　美国纽约州　利拉湖（Lake Lila）
　　英国苏格兰　多伊林湖（Loch Doilean）
　　法国　圣克鲁瓦湖（Lake of Sainte-Croix）

第 2 章　丛林技能及野外生存专家　047

丹尼斯（丹麦）

丛林技能专家向大众传经送宝

和许多孩子一样，丹尼斯（Dennis）小时候对野外很感兴趣。他整天在林间穿梭，到各个洞穴探险，搭建自己的秘密基地，还用木头制作武器以防野兽来袭，看遍了丹麦的美丽乡村。那时他肯定想不到，从教育学专业毕业后，他会在自己的照片墙账号上记录户外生活体验，成为丛林露营（bushcraft）领域颇具影响力的人物。

2016年，丹尼斯在照片墙上第一次接触丛林露营，很多现在流行的户外运动都是在那里火起来的。他立刻回忆起了野外生活所需的种种技能，并咨询猎人和渔民朋友们，收集整理相关地图和工具，准备深入探索。

虽然丹尼斯到丛林露营时偶尔也住宽敞的双人帐篷，但他还是觉得用3米×3米的天幕最自在，最好是波兰帐篷（Polish Lavvu）或芬兰产的军帐。它们极其耐用，经得住长时间的风吹雨打，靠近篝火也不怕。这样简简单单的露营，能让丹尼斯完全置身于大自然，专注于当下，不去想外界发生的事情，忘掉紧张与压力。过去几年，丹尼斯感觉压力很大，焦虑不已，森林不仅是他施展求生技能的舞台，也是他放松心情、自我调整的好去处。

丹尼斯能用弓钻或打火棒取火，所以不管身在何处，他都能保持温暖干燥。自己动手，就地取材，挑战搭帐篷、找水源、生篝火、煮鲜肉……这一切魔法般地塑造着丹尼斯，也磨炼着他的各项技能。一把斧头、一把刀，让他领悟到了劳作的简单本质，同时把创造力发挥到了极致，在家乡附近那片林区搭建了数处栖居之所。为传承先辈手中的绝活，他坚持回收利用天然木材，无论是搭建临时性建筑还是制作餐具，都用桦木和樱桃木完成。在这个过程中，他对木材的种种惊人特性愈发了解。

不管外出5小时还是5天，丹尼斯都会带上刀锯斧。锯有时是自制的，斧的尺寸则取决于他具体需要制作什么。

"最大限度地简化生活——在户外，一切都需要时间。因此，要想清楚当天你想实现什么目标，并据此分配自己的精力。"

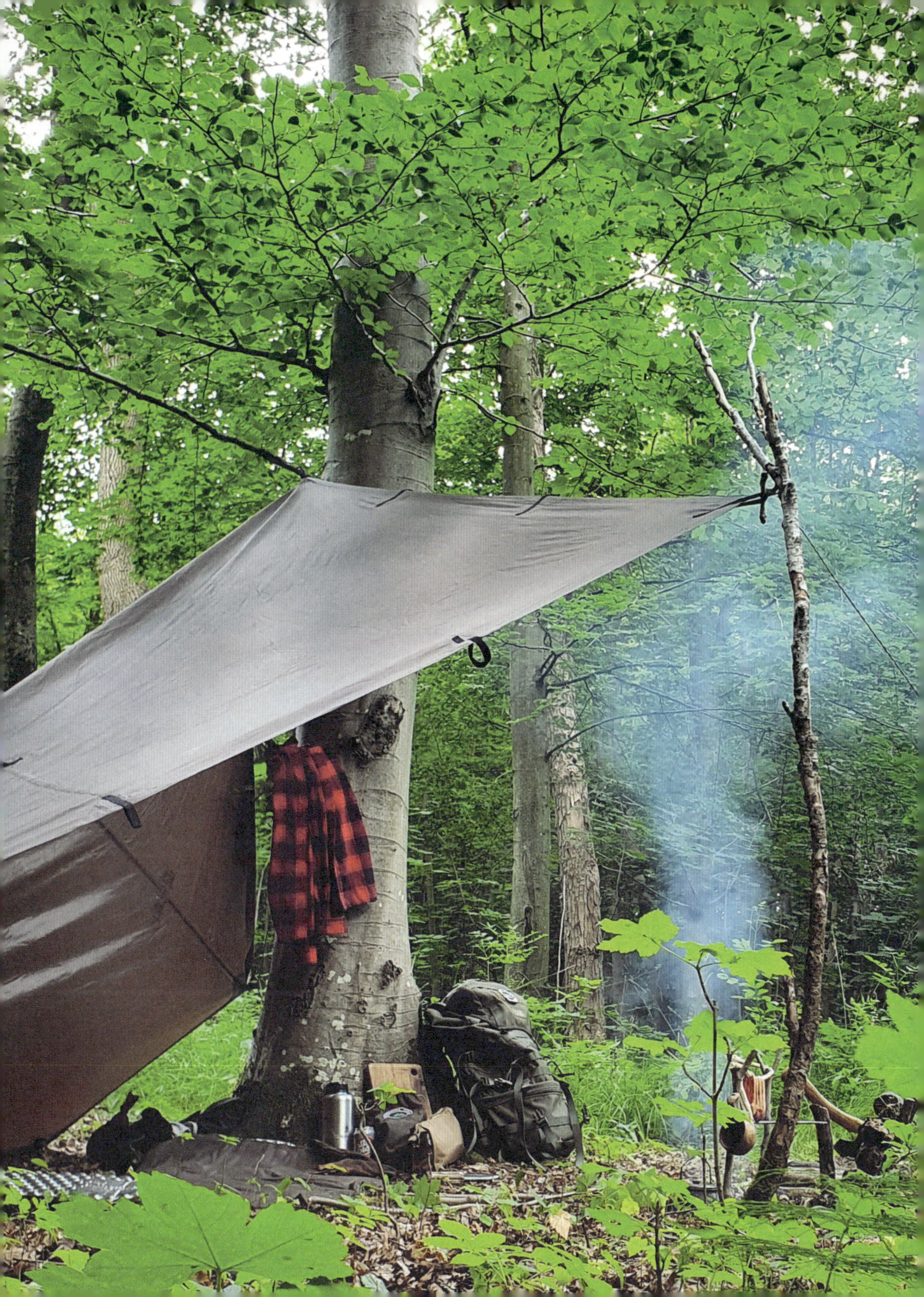

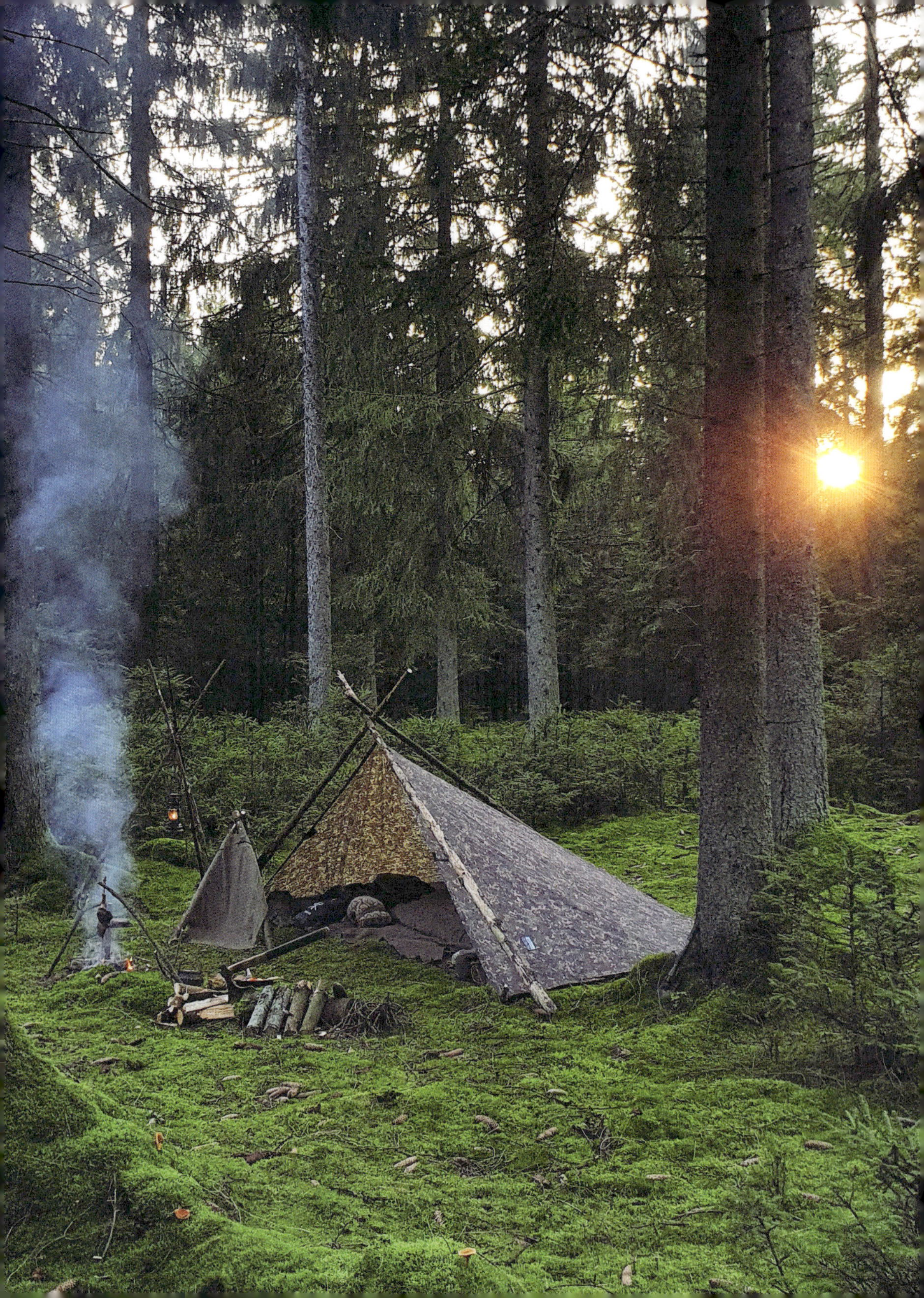

同时，他也会带上温暖的羊毛毯、咖啡烘焙用锅、手工雕刻的北欧传统木杯以及针线、急救包、净水装置等其他实用物品。丹尼斯一般不会在户外猎食，而是自带食物，吃的时候就地加工，佐以天然配菜入腹。锅和烤架在手，他随时可以在林地上架炉起火，烤肉串。

他知道，丛林露营不是课程，没有合格或结束一说；这是贯穿一生的体验，相关知识和技能犹如一年四季，不断更迭。和许多活动一样，玩丛林露营，最重要的不是装备，而是经年积累的经验和学以致用的能力。

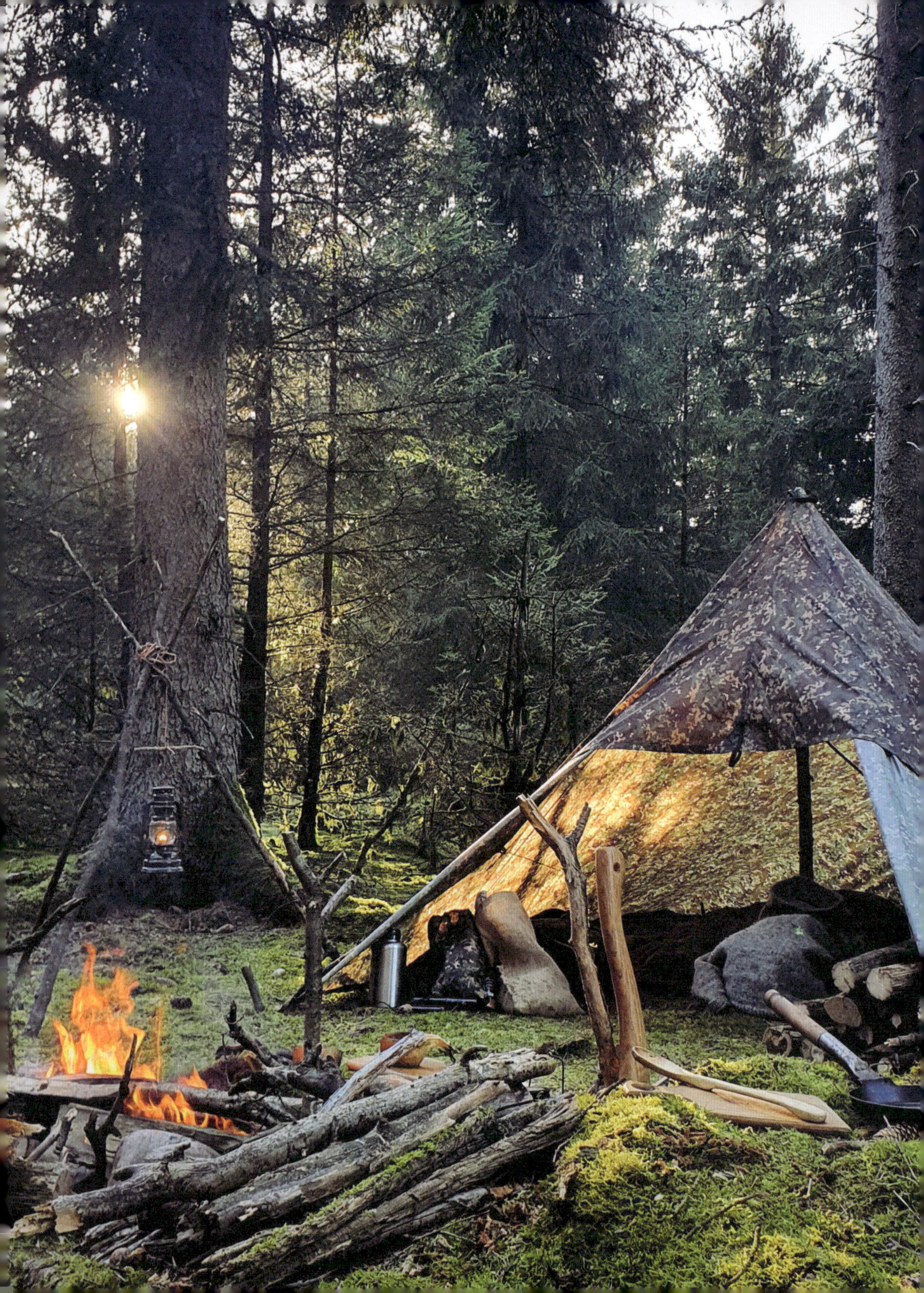

露营三大件

→ 刀：用于劈柴，处理食材

→ 天幕：提供最舒适的林中住所

→ 锯：扎营时用于锯木头，以搭建容身之所，制造其他实用工具

最难忘的露营地

→ 丹麦日德兰半岛（Jutland）。我多次来此。有一次，我在营地看日落，大概150只西方狍和黇鹿从我眼前走过。同一时间看到这么多鹿，蔚为壮观，令人惊叹

→ 如果你也想看鹿，可以考虑到以下地点露营：
英国坎布里亚郡　沃斯代尔（Wasdale）
意大利撒丁岛　斯廷蒂诺（Stintino）
德国　吕讷堡灌木林（Lüneburg Heath）

第 2 章　丛林技能及野外生存专家　053

卡丽娜·亚历克西丝
（加拿大）

自学成才的生存专家，倡导自给自足

卡丽娜·亚历克西丝（Careena Alexis）经常看加拿大电视节目《现代鲁宾孙》（Survivorman）的主角莱斯·斯特劳德（Les Stroud）和丛林技能专家雷·米尔斯（Ray Mears）这两位偶像的作品，从中学习野外生存技能。20岁出头时，她又开始自学丛林露营相关技巧。她利用手头的独木舟、背包和白色卡车，不断探索加拿大安大略省，坚持学习各项技能以实现自给自足，一年四季从不间断，只靠野外自然材料生存。

丛林露营有一套临时住所选址与搭建的原则。卡丽娜搭建住处时，会找一个安全的地点，上方不能有枯枝，周围不能有树，以防暴风雨将树木刮倒，砸毁住处。她的住处空间足够大，能轻松容纳她和所有的装备，不管天气如何，都能确保备用衣物和拍摄设备等保持干燥，不受损伤。她常用富含易燃油脂的桦树皮生火，平时也注意收集干燥的火绒、木块等引火物，确保火势足以做饭及取暖。

在加拿大丛林深处露营，一定会经常接触到各种大大小小的动物。其中有会撕咬食品外包装的小动物，也有对谁在它的地盘露营感到好奇的熊。卡丽娜必须时刻保持清醒，以确保安全。气味强烈的东西不用时都会挂在远离营地的大树上，所以至今没出什么问题。她做饭时也不急不忙，严防溢出，以免引来大型动物。

和搭建临时住所一样，快速生火做饭也需要练习。不管旅程长短，也不管天气如何，卡丽娜总是随身携带芬兰刀，以便切割各种东西以及备菜。她会提前规划好路线，算出她和她的猎犬一路上会消耗多少能量，打包相应分量的口粮，还会多带一些，以防回程有所耽搁。卡丽娜不吃淡而无味的东西，她会拿出牛排和香肠，再融化积雪或烧煮湖水，把米饭、土豆和其他蔬菜搭着主菜一煮，享用一顿林间大餐。天气更冷的时候，她还会吃奶酪这样的高脂食品。此外，她会划着独木舟去钓鱼，再到远离住处的地方把钓到的鱼收拾收拾就煮掉。

除了那些可靠的钛锅，卡丽娜还会带一把小小的竹牙刷、环保牙膏片以及一小块天然肥皂去露营。她一般会先抹一层肥皂，用热水简单冲洗，再跳进清澈的湖里洗澡。

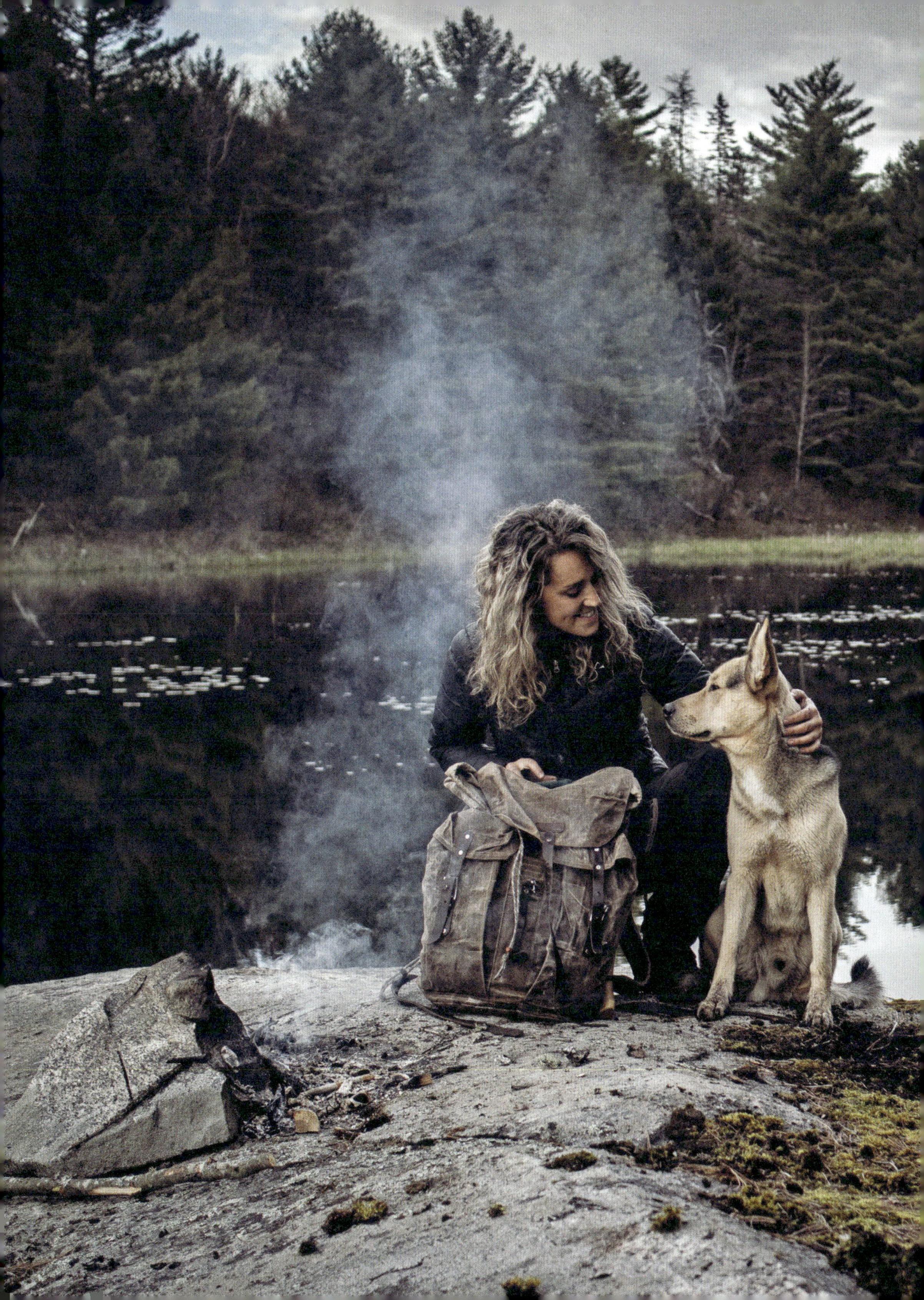

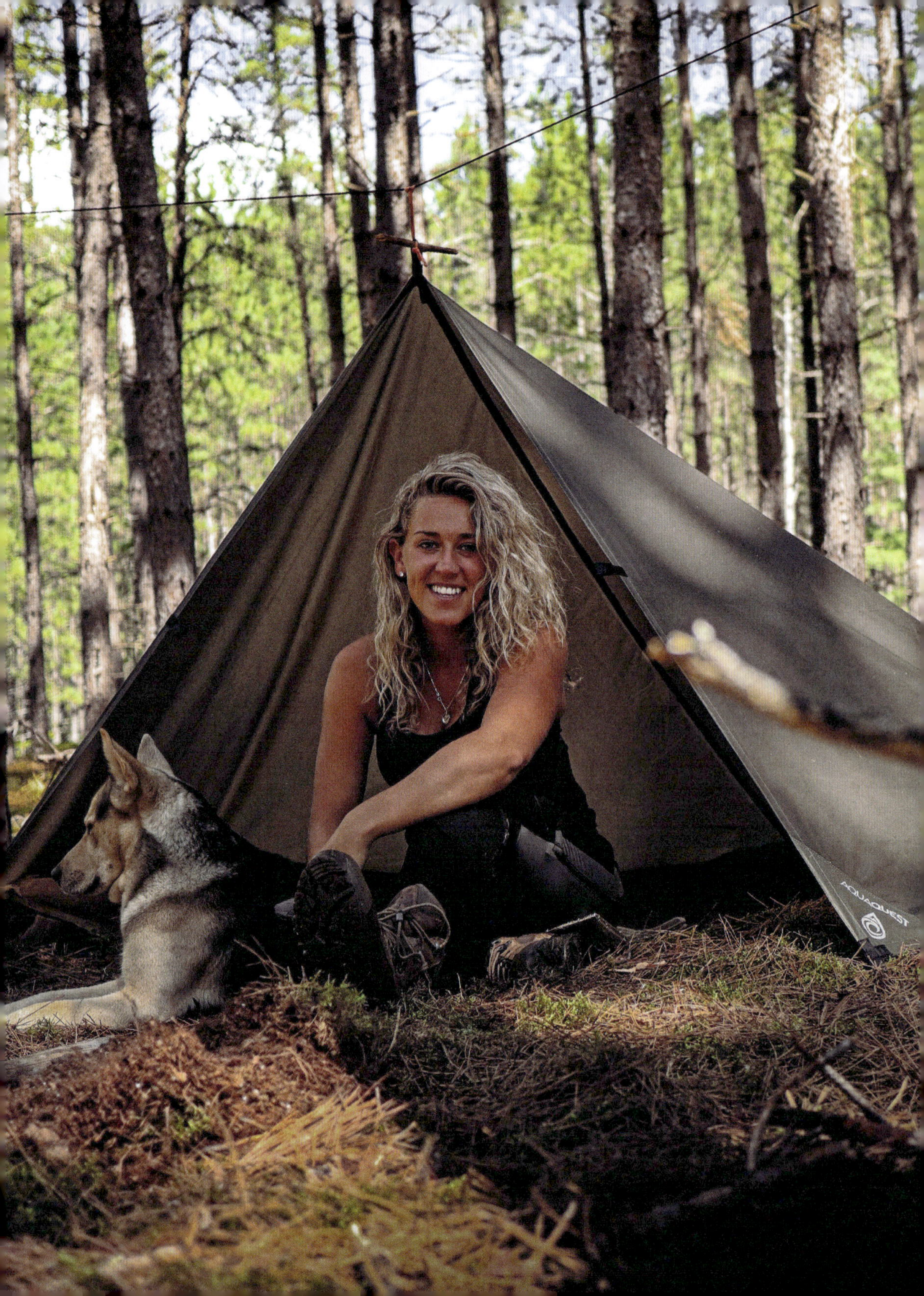
AQUAQUEST

露营三大件

→ 芬兰刀：搭建临时住所时必不可少

→ 打火棒：以便随时随地生火

→ 质量好的衣服和鞋子：没有糟糕的天气，只有糟糕的衣服。做好准备吧

最难忘的露营地

→ 加拿大安大略省阿尔冈琴公园（Algonquin Park）。这是我学会露营的地方，现在仍是我心中最适合划独木舟旅行的地方之一

→ 如果你也想在阿尔冈琴公园这样的地方学习丛林技能，可以考虑到以下地点露营：
  斯洛文尼亚　布莱德（Bled）
  德国　黑林山（Black Forest）
  美国　佐治亚州　科纳索加湖（Lake Conasauga）

拉维和奥利（全球）

骑摩托车环球旅行

拉维（Lavi）和奥利（Ollie）是把寻求刺激和野外生存结合起来的最佳示范。他们正在挑战成为全世界年龄最小的完成环球摩旅的夫妻，到处扎营露宿，睡过沙尘暴中的摩洛哥沙漠，也在各国家公园度过了不少寒冷的夜晚。他们对旅行并不陌生，曾长时间开露营车旅行，也曾徒步穿行新西兰300千米，以及骑车穿行英国200千米。现在，他们剑指世界纪录，正骑着摩托车环球旅行，并在油管和照片墙账号上细细地记录他们这漫长而曲折的旅程。

到本文开始撰写时，拉维和奥利累计在包括波黑、澳大利亚、印度尼西亚、英国在内的12个国家和地区露营约400次。他们这段近5万千米的漫长旅途从英国伦敦出发，预计跨五大洲35个国家，持续两年，最终返回出发地伦敦。期间，他们很少在德国汉诺威和英国伦敦这样的繁华之地逗留，反而经常在干旱沙漠中与恶劣的环境做斗争，或在偏僻之地与野生动物为伴。

拉维和奥利不再是露营新手了，他们早已把行李清单打磨到了极致。因为要留出较大的空间放相机等摄影设备，他们尽可能少带非必需品，只带最基本的用品，包括"海底山巅"的可折叠睡眠装备与炊事装备、基础衣物以及路上可能想吃的零食。

出门在外，拉维和奥利通常吃得简单又便宜：用开水冲泡的各种脱水食材，加上一些罐装蔬菜，足以提供他们所需的营养。当然，途径偏远地区时，他们总会带上能吃几天的、不易变质的食品，以防摩托车出现故障或他们因故无法继续前行。另外，配备饮用水也很重要。他们会带一个5升的水瓶，够他们喝1~2天；还有两个2升的水袋，在不容易获得水的地方可以再维持一段时间。

从互相支持着踏上他们此生最艰难的旅途之一，到一起解决旅途中的问题，再到一起在各个边境口岸体验噩梦般的通关流程，拉维和奥利总是亲密无间、互为依靠。无论是在警察局后面露营，还是在蚊帐内睡几小时，毫不夸张地说，只要有彼此以及"迪纳利"轻便的"卡卡杜"双人帐篷，他们就一定能游遍世界。

"走小路，慢慢来。提前准备好过境所需的全部材料，减少延误。"

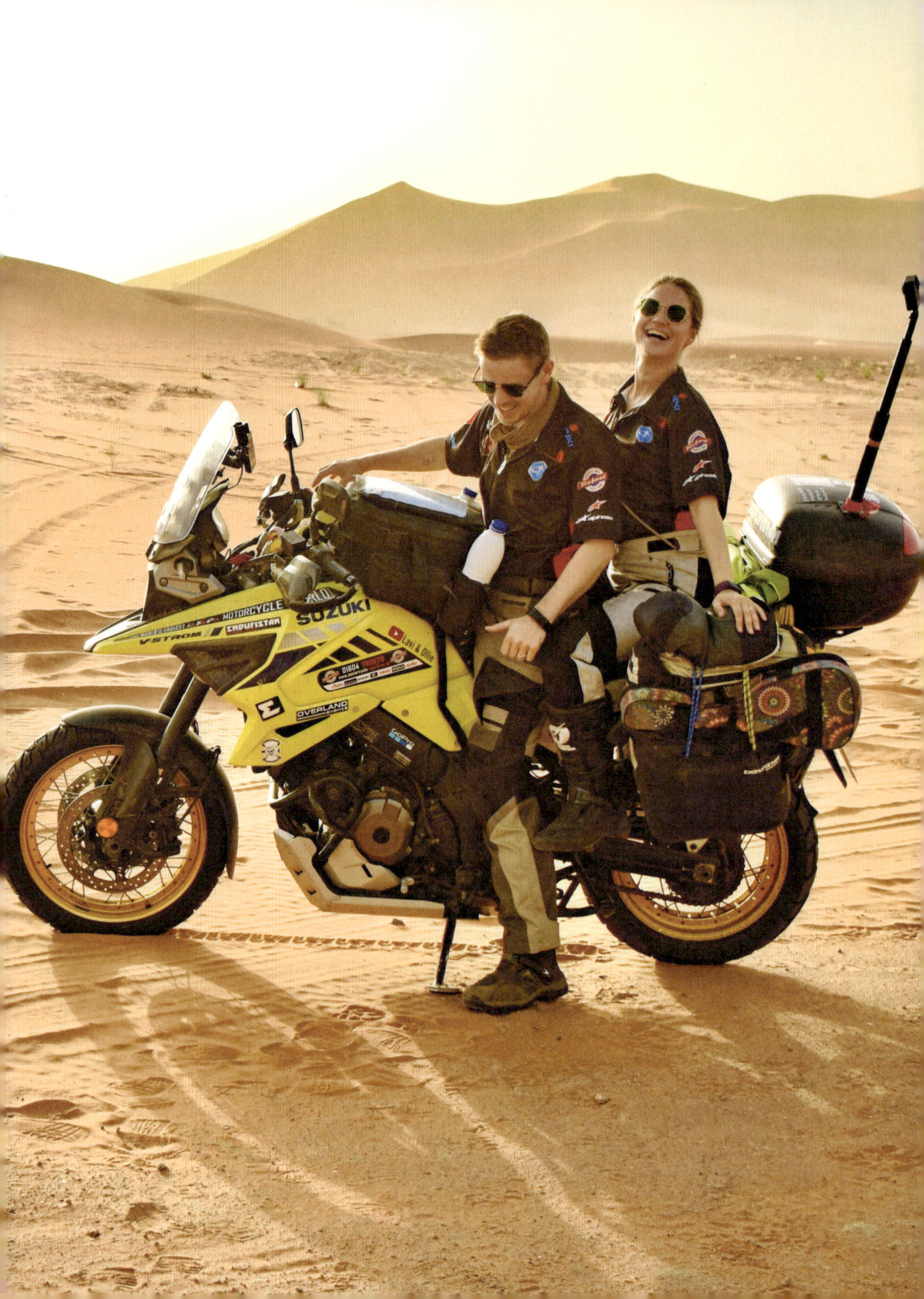
SUZUKI
MOTORCYCLE
V-STROM
ENDURISTAN
Lavi & Ollie
OVERLAND

露营三大件

→ 耳塞和睡眠眼罩：无论在哪里都能睡个好觉

→ 相机：用于记录这段终生难忘的旅途

→ Kindle 电子书阅读器：晚上看看书，放松一下

最难忘的露营地

→ 摩洛哥。那里有沙漠、高山和产自当地村庄的甜薄荷茶，是摩托车之旅的完美国度

→ 如果你也想走进摩洛哥山区，品尝当地美食，可以考虑到以下地点露营：
　　德国　　上瓦纳峰（Hochwanner）
　　秘鲁　　维尼昆卡山（Vinicunca）
　　捷克　　波希米亚瑞士国家公园（Bohemian Switzerland）

第 2 章　丛林技能及野外生存专家

加雷思·格雷佩利尼（英国）

户外运动大使为露营新手引路

有些人会觉得，从在要求颇高的大型跨国公司工作，变成在遥远偏僻的地方，靠一个小工具卷包和满脑子的生存技能工作，实在是前途堪忧。但加雷思·格雷佩利尼（Gareth Greppelini）并不这么认为。凭着一股创业的热情，他创立了户外探险公司英国丛林露营公司（@ukbushcraft），教其他人如何在野外好好生活。把爱好转变为职业总要历经艰辛，加雷思已经迈出了一大步。他选择了一种新的生活方式，再续自己小时候在树林里度过的那些无忧无虑的快乐时光。

加雷思曾和父亲一起留在林路公司（Woodland Ways）过夜。该公司总部设在英国，提供露营服务，顾客可以在那里搭建临时住所并睡在里面，同时学习如何为野外露营备餐。正是那次活动点燃了加雷思对丛林露营的热爱。自那天起，他开始埋头研究关于露营的一切，在自家后花园练习搭帐篷、生火等技能，逐渐开始外出露营。期间，他很幸运地见到了他的探险家偶像们，也交到了很多新朋友，在身体和心理素质方面的提高更是远超他的想象。

在野外，加雷思为自己和客人们准备的食物全都由新鲜食材烹制而成，味道格外鲜美，这也是我最喜欢他和他的英国丛林露营公司的地方之一。即使是带队到瑞典探险，在一个寒风凛冽的岛上待3天，他依然愿意花时间和精力去腌制牛肉，炖煮咖喱，制作苹果酥和蛋奶糕，既填饱了大家的肚子，又涨了大家的士气。他还会用荨麻叶、罗勒叶等制作意大利青酱，用自制烟熏炉制作烟熏腊肉和烟熏鳟鱼。他用实际行动证明，哪怕身处偏僻之地，也能吃出五星级酒店的感觉。

每次丛林露营要收拾的行李都不一样。加雷思每次露营前后都会多次调整他的装备清单，看看哪些东西用得最多，哪些下次用得上，哪些完全不需要。

在森林里，加雷思较为依赖他的丛林生存直刀、折刀、木雕刀、磨刀石、折锯、手电筒、多功能刀和打火棒。生火做饭或取暖时，便可先用打火棒打出火星来。他告诉我，在野外，绳子永远不够用，无论是传统的尼龙绳、优质的凯夫拉尔绳，还是用柳树皮这样的天然材料制成的麻绳。尽管带着这么多的装备，晚上在临时厕所方便时，加雷思还是会被听到的窸窣声吓到：每只毛毛虫的叫声听起来都像美洲狮一样恐怖。这么多年过去了，一想起那些看不见的小动物，他仍觉得背上一阵阵发冷！

在整本书中我多次谈到，野外能给人带来精神上的自由感，加雷思的故事也反映了这一点，他享受着与大自然融为一体带来的益处。但是不知是作为领队的责任使然，还是因为见识到了恶劣天气的残酷，即使与他人一起露营，他也会感到孤独。在这种时候，一块苹果派最能令他舒心，宽慰他。

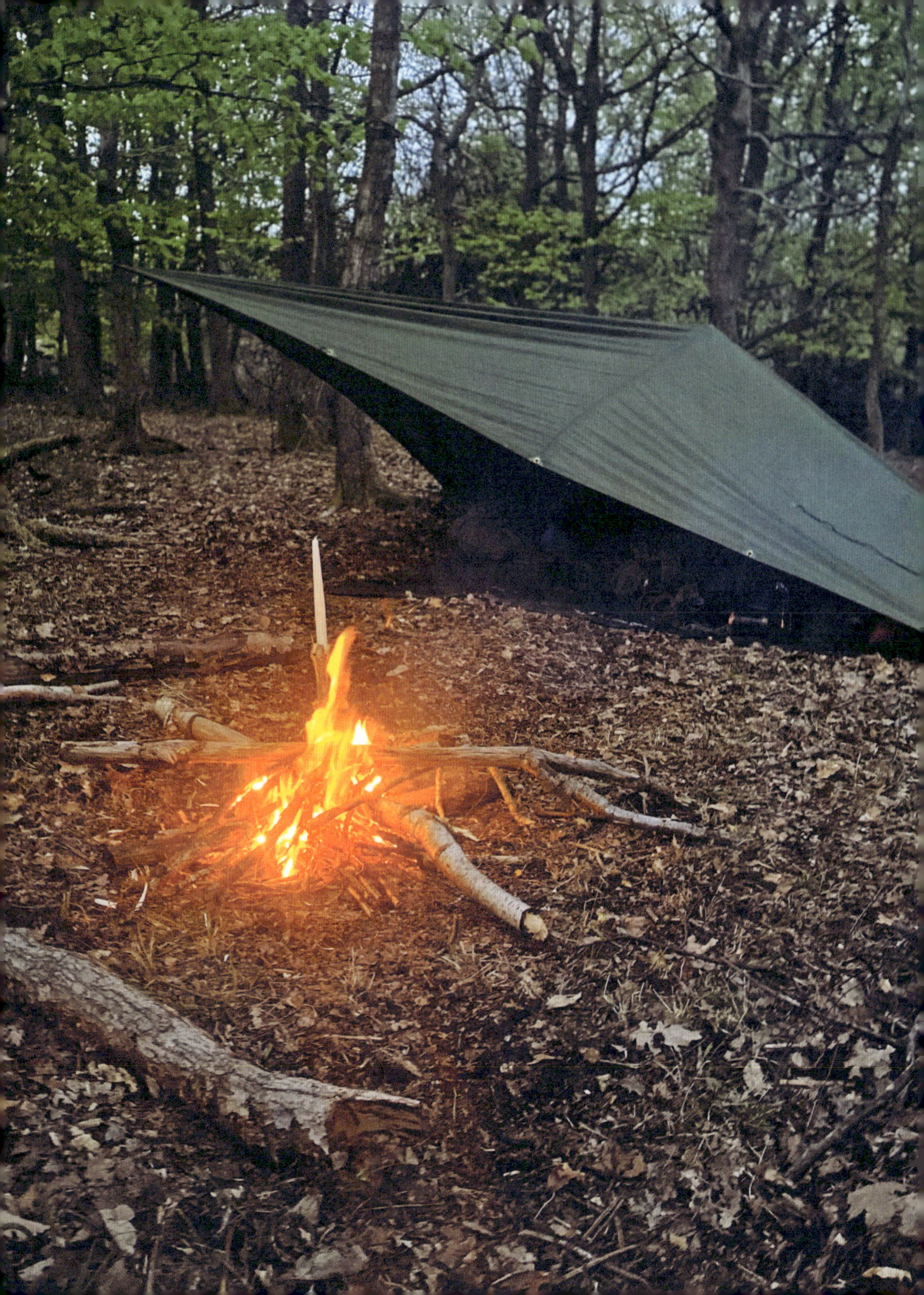

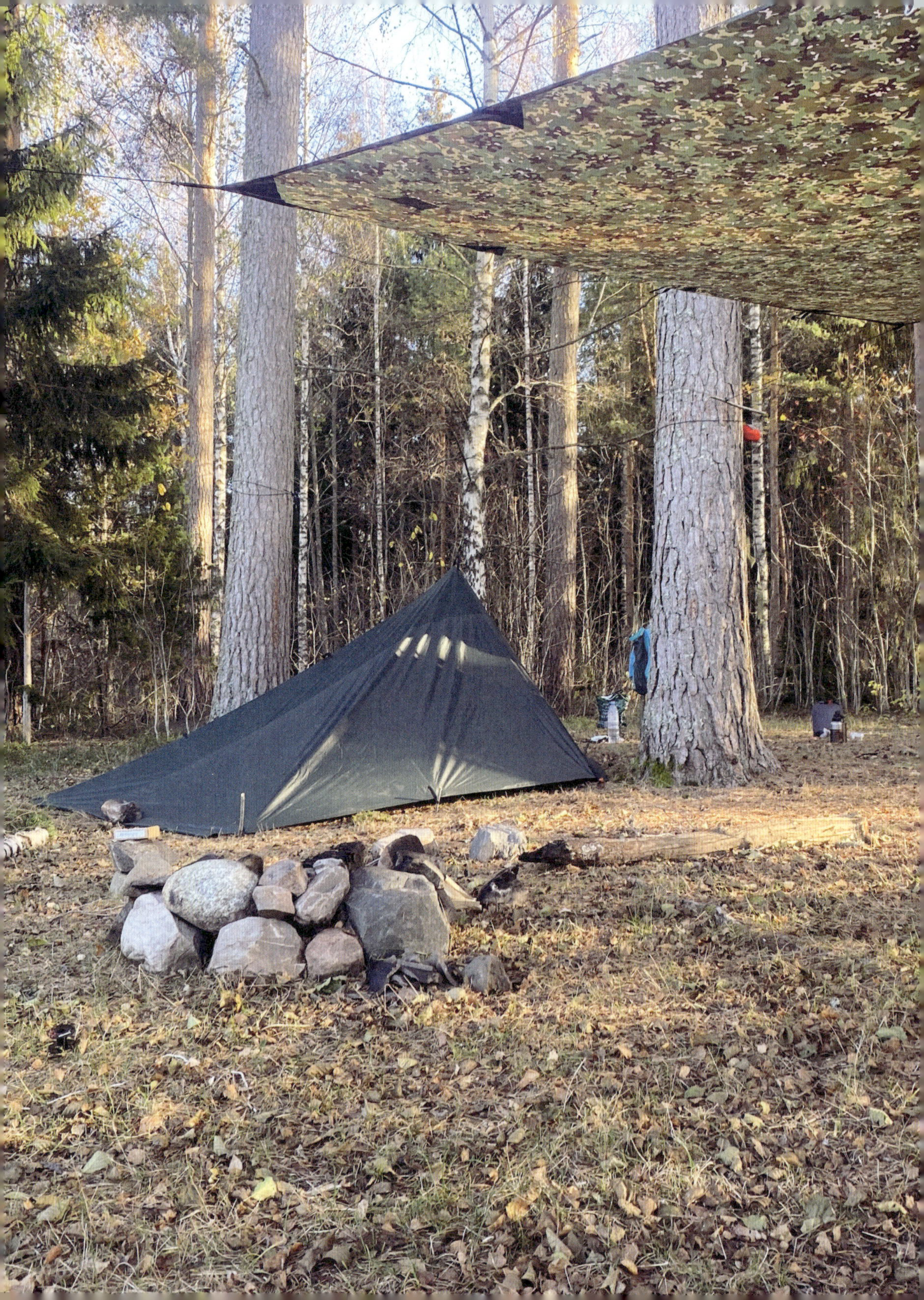

露营三大件

→ 头灯：不仅可在半夜上厕所时，用于照明；找回营的路以及紧急撤离的时候，也可以使用

→ 刀和铁棒（打火棒）：用于打出火星，进而生火

→ 尼龙绳：用于把东西组装在一起或把食物挂在树上

最难忘的露营地

→ 我的朋友戴夫（Dave）向我介绍了英国苏格兰一个好去处，那是布莱克埃斯克河（Black Eske River）与怀特埃斯克河（White Eske River）的交汇处。在那树木茂盛、风景优美的山谷中，有一片绝佳的露营地，到了鱼类产卵期，必有奇景可供观赏

→ 如果你喜欢在苏格兰树木茂盛的山谷里露营，在蜿蜒曲折的河流旁放松身心的感觉，可以考虑到以下地点露营：
　　英国英格兰德文郡　汉尼科姆·伍德（Hannicombe Wood）
　　肯尼亚　马乌山（Mau Forest）
　　美国夏威夷州　怀皮奥谷（Waipi'o Valley）

野外露营五大必备工具

1. 锋利的刀

一把好刀是丛林露营爱好者最好的工具,它不仅是日常清理营地和劈砍木柴最常用的工具之一,还可用于制作营地所需的其他工具和部件。刀的款式和大小由你决定,但我的建议是,一定要舍得花钱买把好刀。一把好刀能陪你历经风雨,你会需要它的!

2. 樵夫的斧头

如果你想清理一块地出来,在上面扎营,或是想把大块的木柴砍成一小块一小块的,以便加柴控制火候,那么斧头肯定会派上用场。你可以用斧头做各种各样的事情,包括将斧刃背面当锤子使,把每根帐杆都钉牢在地面上。

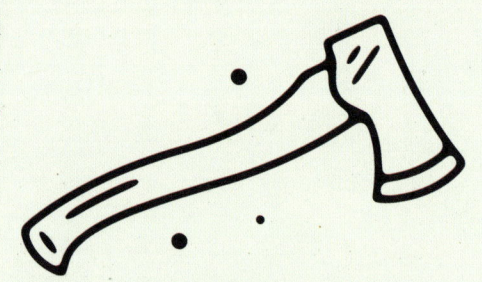

3. 打火棒

打火棒很耐用，它产生的火星足以把火绒、木柴等引火物点燃。具体的用法是，用刮片或刀子不断刮打火棒，刮片应与打火棒形成一个合适的角度，且每次刮擦应在离打火棒底部约 0.5 厘米处停住。这需要稍加练习，所以在出发之前，花点时间好好磨炼你的点火技术是有必要的。

4. 粗绳、细绳和麻绳

在野外，各种各样粗细不一的绳子都大有妙用。无论是用麻绳把临时住所各部件绑好固定，还是用粗绳把食物吊到熊够不到的地方，做什么都会用到绳子。去野外之前，要确保自己带够了绳子。

5. 急救包

在野外生活，划伤和瘀伤都是很正常的事。要确保随身携带一个配置充足的急救包，内含止痛药、创可贴、绷带、透气胶带、别针、补液片以及其他任何针对该户外活动的医疗用品。

第 2 章　丛林技能及野外生存专家　067

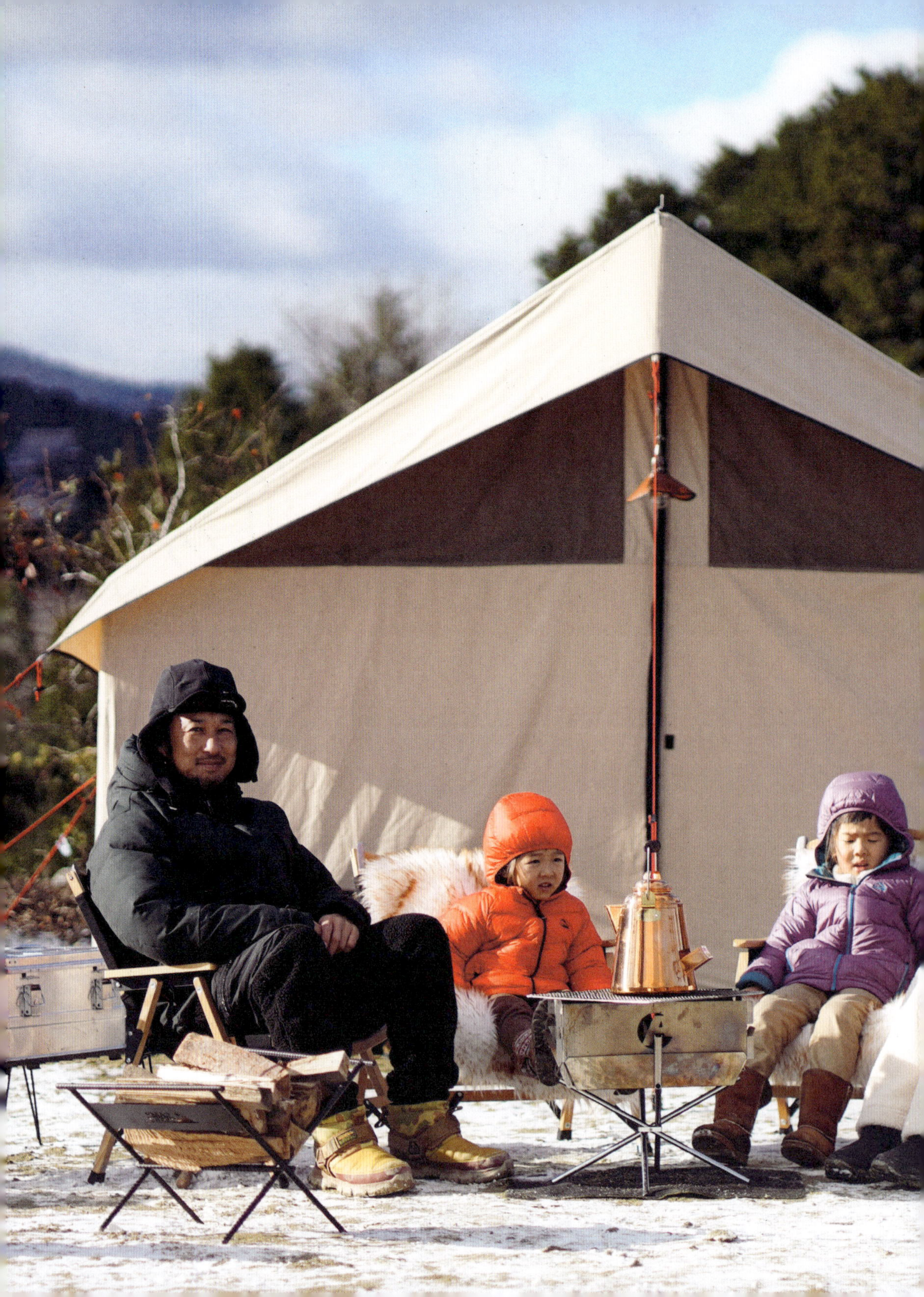

第 3 章

周末露营爱好者

　　你是不是正看着钟表，数着时间，期待着周五晚上的来临？带上帐篷，走进山里的念头是不是一直在你心中跳动，以致你在周三晚上就开始备办饮食？比起睡在床上，你是不是更喜欢睡在睡袋里？

　　听起来你好像已经是周末露营爱好者了！

　　当周末向你招手，大山或沙滩也在召唤你。你终于可以把那些电子表格、邮件和电话统统抛诸脑后，不用再处理待办事项，也不用再做家务，在下个周一的早上之前脑子里什么都不用想。

　　如果答案是否定的，别忘了，周末还可以花时间和家人一起，加强户外活动，呼吸新鲜空气，体验不一样的生活，创造属于你们的美好回忆。引用我的文学偶像约翰·罗纳德·鲁埃尔·托尔金（J. R. R. Tolkien）的一句话："世界不在地图或书本上，它就在门外。"所以，与其在广告和电影里看其他家庭开展各项活动，不如招呼家人，带上帐篷，学学托尔金作品中的角色甘道夫（Gandalf）吧！谁知道你最终会踏上一场多么奇妙的周末之旅？

漫游野外的露营爱好者（英国）

挑战越大，收获越大

露营不仅是连接我们和大自然的纽带，也把我们和同去露营的人紧紧联系在了一起。对"父子档"道吉（Dougie）和乔希（Josh）而言，露营是挑战极限的机会。他们意志坚定，体格强健，相互扶持，到很多美得摄人心魄的地方搭起了他们的"希勒贝里"帐篷。这款帐篷非常牢靠，可承受从超过800米的高空坠落之物的撞击而不破损。

道吉是一名缓刑监督官，乔希也有自己的学习任务，他们每个月只能玩两次露营。尽管如此，他们还是一有空就计划下一次的露营之旅。每次出发之前，他们都会仔细调查目的地周边的环境，包括最近水源的位置和最安全的扎营地点等。道吉和乔希经历过无数次恶劣天气的考验：他们曾遭遇暴风雪袭击，经历过速度可达80千米/小时的烈风，感受过雨季的降雨，有一次还被迫半夜从山上撤离。但是他们知道，不管发生什么，他们都是彼此最坚强的后盾。正因如此，这对父子非常尊重彼此。

舒适的露营地很有市场，但对于道吉和乔希这样喜欢漫游野外的露营爱好者而言，有挑战性的露营环境才是真正的动力。他们认为，人生的方向必须完全掌握在自己手中，而在宁静美丽的大自然中践行这一点，更能带来前所未有的兴奋感。克里斯托弗·麦克坎德利斯（Christopher McCandless）的冒险故事、艾尔弗雷德·温赖特（Alfred Wainwright）的书，以及油管上那些有类似探险经历的露营爱好者们给了道吉和乔希很大的启发，他们开始试图记住旅途上的每一个拐弯、每一处值得一看的景点，为下一站旅程做足心理准备。

除了身经百战的"希勒贝里"帐篷，道吉和乔希还会带上可净化溪水、湖水的"康迪"（Katadyn）"自由饮"（BeFree）净水袋，安装了徒步类软件的手机以及技术手段意外失效时能派上用场的地图和指南针。道吉喜欢维姆·霍夫（Wim Hoff）的冰水浴法，乔希则喜欢在温暖的帐篷里用湿布擦洗身体，所以道吉在英国周围各种新奇刺激的地方游完野泳后，只能独自接受路人疑惑目光的洗礼。

背着被塞得满满当当的背包，登顶他们选定的那座山后，道吉和乔希常常已经筋疲力尽，但他们还是会在标示山顶的石堆旁碰拳庆祝。那一刻，所有的疲惫都烟消云散了，成就感和幸福感油然而生。接着，他们就搭帐篷，做大餐，品尝汉堡和鸭肉沙拉等美食，以补充在这艰难旅程中消耗的热量。吃饱喝足，他们会放松一下，如独占这几百米高的最佳观赏点欣赏日落美景。他们也会在帐篷里看电影，但最后还是会走出去，一起欣赏那繁星点点的夜空，在这独特的环境里尽享天伦之乐，这是跟团游永远也体会不到的快乐。

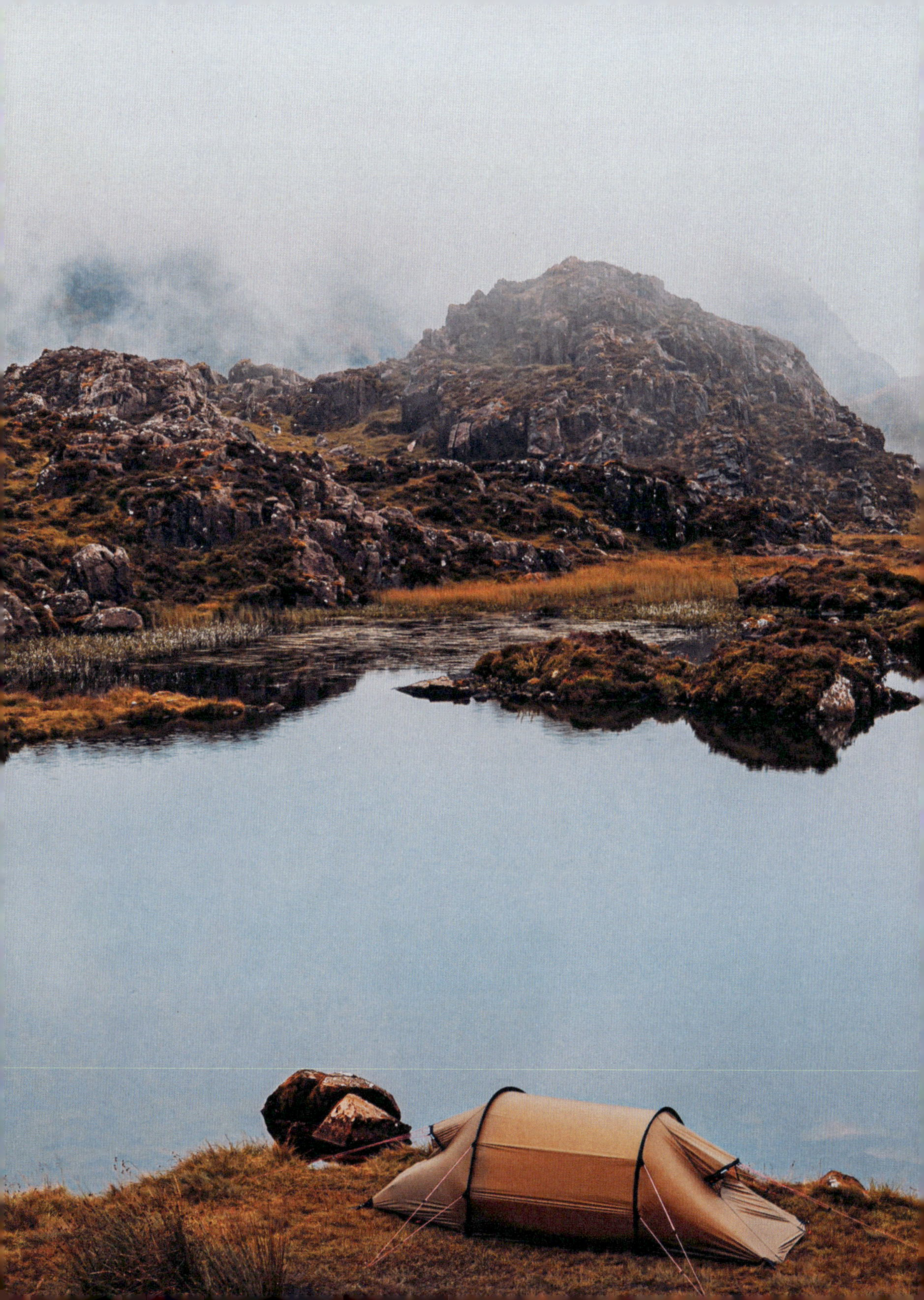

"永远做好最坏的打算,
虽然这样你可能要再多背几千克行李,
如果天气恶劣,实在不必冒险。"

露营三大件

- 眼罩和耳塞：为了遮光防风，这套睡眠装备绝对必不可少
- 户外电源：即使有人受伤了，它能让我们安心，我们的手机也可以保持电量满格
- 优质头灯：它的重要性再怎么强调都不为过，特别是一个人在高山上的时候

最难忘的露营地

- 英国英格兰湖区沃斯代尔西部丘陵里的皮勒山（Pillar）。这座海拔892米的山是我们露过营的、最高的山之一，通往山顶的路也是我们爬过的最长的山路，我们花了3.5小时才爬上去。但因此，我们"360度"无死角地欣赏到了周围的大盖布尔山（Great Gable）、斯科费尔峰（The Scafells）和海斯塔克峰（Haystacks）的美景

- 如果那些风景如画的景点让你蠢蠢欲动，可以考虑到以下地点露营：
  新西兰　波瓦凯环形冰斗湖（Pouakai Tarns）
  法国　塔恩峡（Gorges du Tarn）
  澳大利亚　菲尔德山国家公园（Mount Field National Park）

第3章　周末露营爱好者　073

千里一家（日本）

在大自然中共度美好家庭时光

一家人在一起，做什么最好？一起打游戏，或相互依偎着看大家都在追的电视剧最新的一集，都是不错的选择。但回到陪伴本身，真正专注于彼此，不为其他事情分心，也不被手机等电子设备推送的消息打断，更有益于增进彼此的感情。这并不容易，起码我们现在几乎离不开电子产品。但千里（Chisato）一家珍视这种深入而有意义的交流，总是积极参与到彼此的生活中去，抓紧一切机会共度美好时光。

到目前为止，千里和丈夫安（Yasu）以及两个孩子的露营足迹已遍及日本7个地区，他们在照片墙账号上记录每一段旅程。夏季露营，他们会带上两室的帐篷，这样大人和小孩都可以有独立的卧室。冬季露营，他们会换一个更大的帐篷，里面放一个烧木柴的火炉，以抵御山间刺骨的寒意。

千里和安的孩子们有充足的机会探索野外，检验自己的野外生存能力。可以说，整个日本都是他们的游乐场。千里作为家长，不会畏首畏尾，阻止他们学习新技能、尝试新事物，但她一直在教他们如何在自己可控的环境里，安全地开展各项活动；他们做新尝试时，她也会在旁关注，及时给予必要的指导。每次出发前，千里一家也都会一起在家练习搭帐篷，所以到了露营地，他们都已驾轻就熟。搭好帐篷后，他们要么立桨冲浪，要么跑到河里玩水，要么一起玩秋千绳（swing line，一款含多个秋千的儿童玩具），玩尽兴了再聚在一起，赏着美景饱餐一顿。

千里一家外出露营一般只会玩2天左右，最长也不超过5天，所以千里和安每次都会带够食材，无须在路上现找。他们有时生火做饭，有时用连着户外电源的电炉做饭，总之保证孩子们每天晚上都能摸着圆滚滚的肚子，心满意足地睡去。这一家子最喜欢吃的是奶酪火锅[1]和烤肉串。露营食物也可以很好吃！

"社交媒体上到处都是关于露营的小贴士、小妙招。如果你是露营新手，它们能提供海量信息，你也可以在那里记录自己的露营之旅！"

---

[1] 奶酪火锅：瑞士特色菜，可以蘸面包片吃。

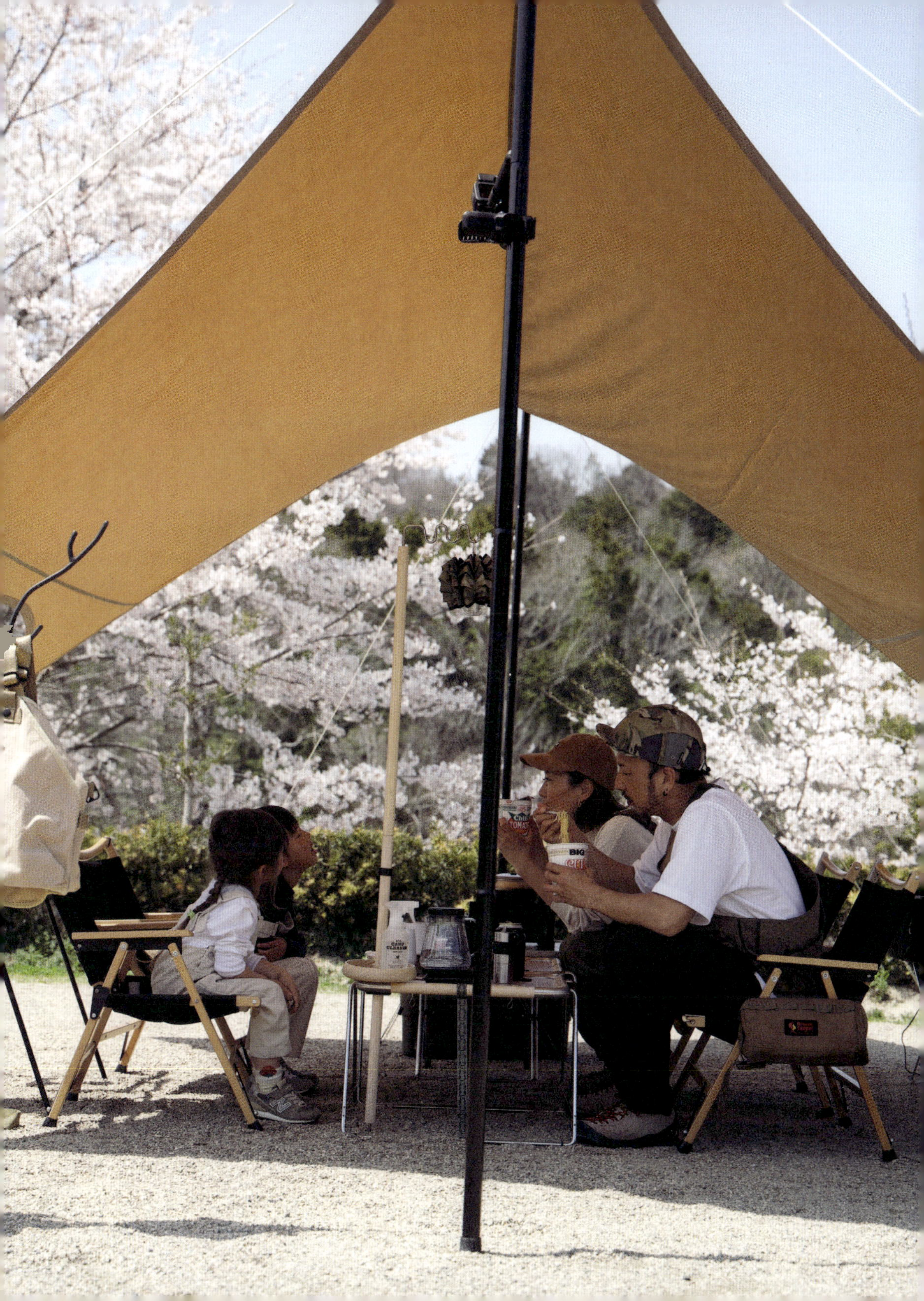
BIG
CAMP
CLEANER

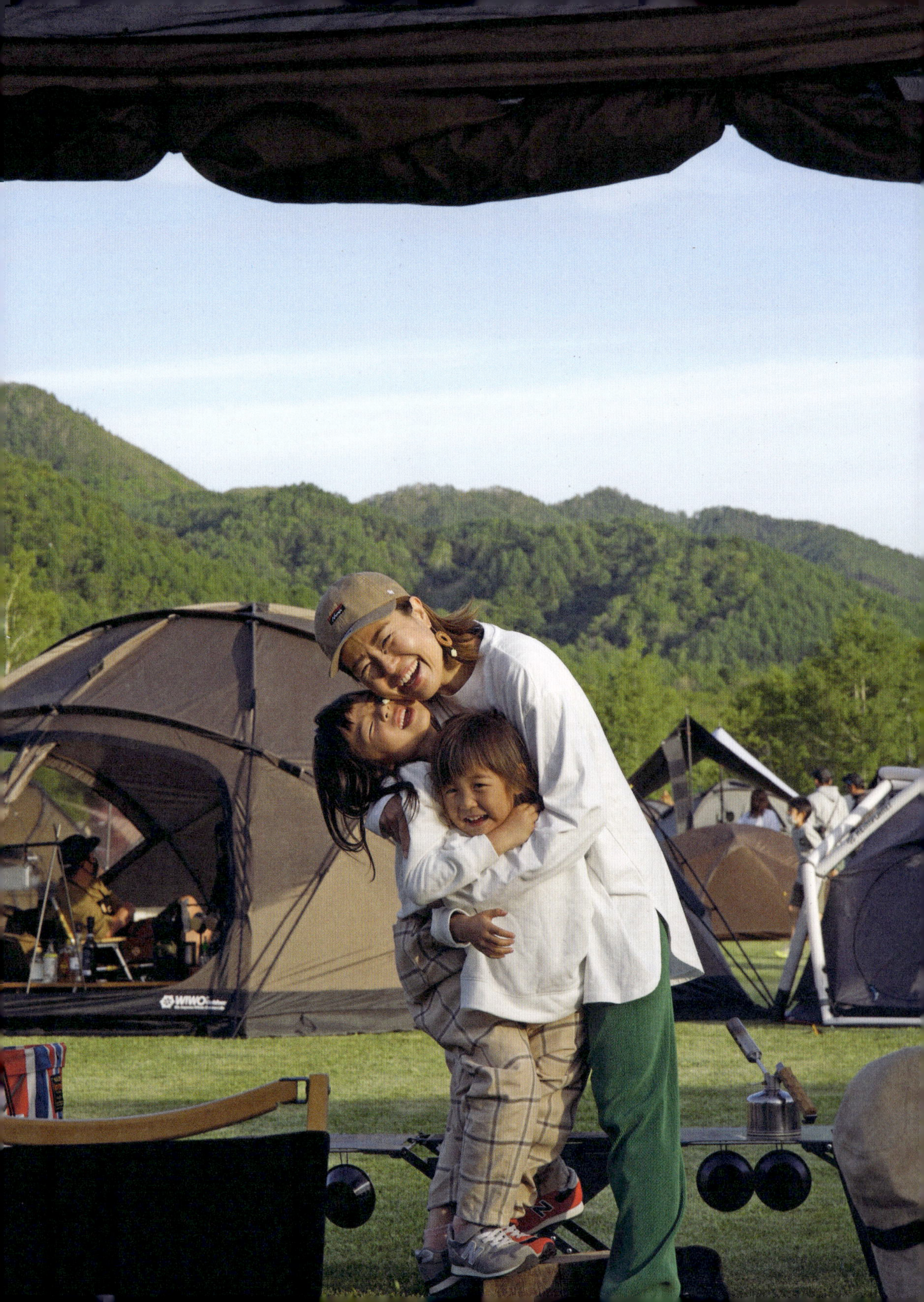

露营三大件

→ 火：夏天用于做饭，冬天用于取暖

→ 鞋子：有一双适合户外探险的鞋子至关重要

→ 相机：用于记录一家人旅行的美好瞬间

最难忘的露营地

→ 日本富士山脚下一个美丽的露营地，我们一家在那里留下了很多美好的回忆。

→ 如果你喜欢在雄伟壮丽的富士山下露营，可以考虑到以下地点露营
    法国　勃朗峰（Mont Blanc）
    希腊　奥林匹斯山（Mount Olympus）
    埃及　西奈山（Mount Sinai，现穆萨山）

在乡间的瑞安（英国）

在大自然中寻找艺术灵感

在高强度的工作压力之下，我们会高度集中注意力，而大自然往往能帮助我们从中解脱出来，让我们有机会后退一步，放眼全局。在大自然中，我们开阔了眼界，敞开了心扉，拓宽了思维，也彻彻底底放慢了脚步。对瑞安（Ryan）而言，露营就这样将他的感官体验放大，源源不断地为他送上艺术创作的灵感和乡间的新鲜空气。

2015年，20岁的瑞安在英国下载音乐节❶第一次露营。那个和活结乐队（Slipknot）、基斯乐队（Kiss）一起喊到声嘶力竭的夜晚才过去不久，他又和朋友一起开启了英国约克郡河谷放松之旅。和大多数人一样，他在这一次次露营中反复摸索改进，终于学会如何在野外扎营做饭。这些年，瑞安看遍了英国的秀美风景，也曾到法国露营度假。这让他信心倍增，逐渐找到属于自己的露营节奏。现在，他经常和三五密友一起爬山、徒步，在劳神费力的工作之余稍微喘口气。

瑞安是一名文身师，上班时间都在和各种复杂的文身打交道，常常设计图案到凌晨。所以，一到周末，他便会走进大自然，喝点啤酒，好好放松一下。他不是专业徒步人士，也不是极限露营爱好者，只喜欢那种简单轻松的露营活动，非常乐意参与其中。毕竟，露营不一定非要寻求突破。比起迫使自己走出舒适区，瑞安更想待在安全的露营地休息。他知道，只要骑自行车出去兜兜风，或是走几步路上山，就能体验绝妙的游玩路线，欣赏迷人的风景。就把那些错综复杂的地方留给专家们去探索吧，他只沿着路标探寻美景就行，不设日程，不做计划，随心而动。

当瑞安准备踏上露营之旅时，他遇到的首要难题就是如何拒绝前来预约或咨询的顾客，对于这一点很多自由职业者、个体户都能感同身受。为此，他总是有意识地关闭手机通知，放下工作。这无疑是他露营成功的关键，但社交媒体在他的旅途中仍然非常重

---

❶ 下载音乐节（Download Festival）：英国最重要的摇滚音乐节，在摇滚圣地多宁顿公园（Donington Park）举行。

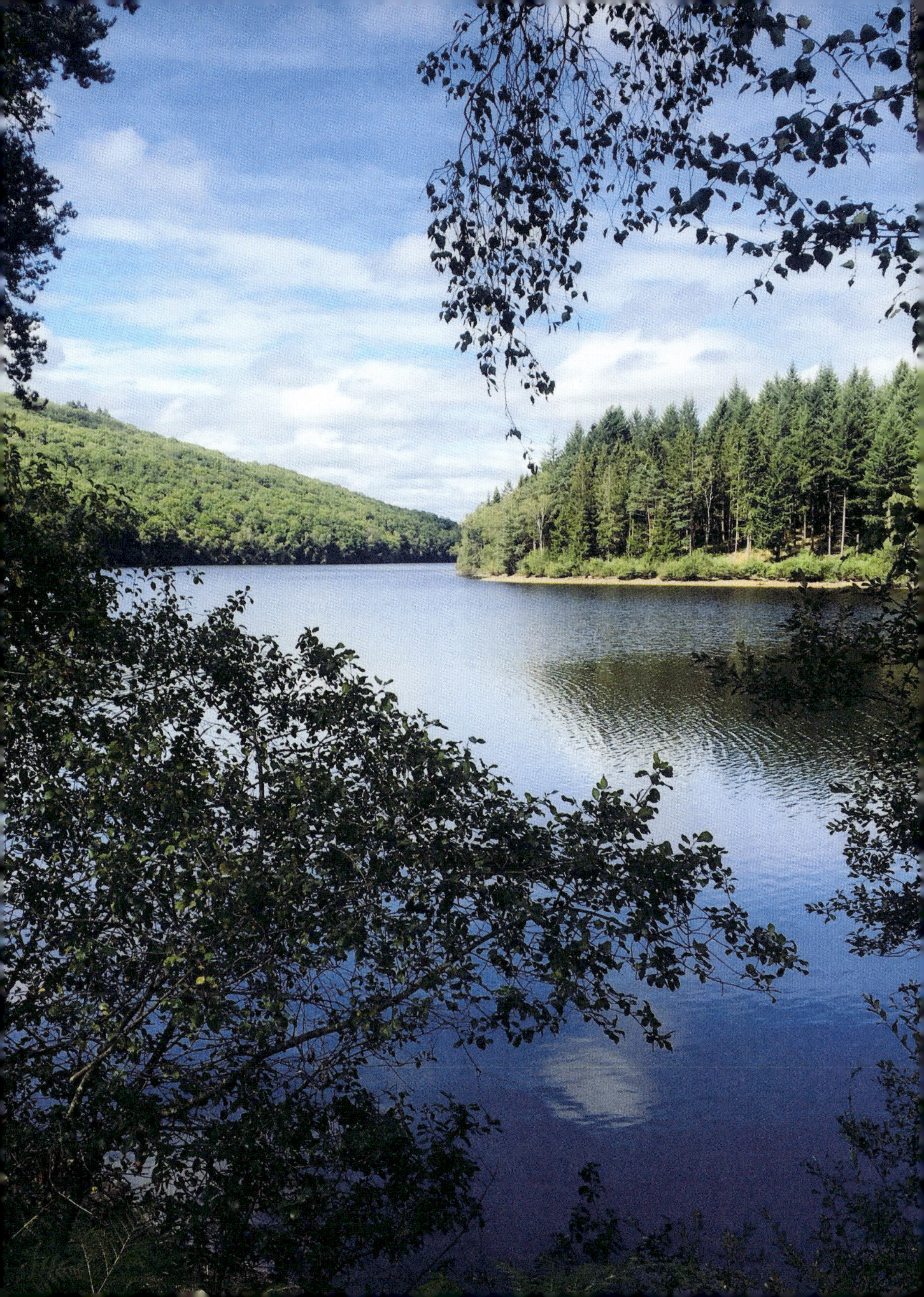

"把工作抛在脑后看起来很难，但你最好多试试，才不至于为工作心力交瘁。放心把工作留在门口吧！周一早上回来，你会发现它还在那里。"

要。比如，他通过照片墙和与英国各地的露营爱好者交流，寻找宝藏露营地点和线路，还在平台上订阅了很多与自然美景相关的标签，以便将来带上相机，开着他那辆"忠心耿耿"的沃尔沃汽车前往欣赏。

也许是因为有艺术背景，瑞安发现自己比其他人更能觉察大自然的每一丝细微变化，他的摄影作品也捕捉到了这一切。摄影这种有别于文身的艺术形式，让他整个人都放松下来，用一种新的眼光去看世界。最重要的是，这时时刻刻提醒着他，不管这周他将面临怎样的压力，到了周末，世界上就还有一个安静的角落可去，犹如天堂一角。在那里，任何人都联系不上他，他的工作日程本也会牢牢地合上 2～3 天。

露营三大件

→ 便携式手机充电器：用于给手机充电，以便在紧急情况下联系亲友，或在没带相机时用于拍照

→ 烤架：用于晚上和朋友一起烧烤

→ 山地自行车：我喜欢骑车，带着我的山地车，我就可以去逛更远的地方

最难忘的露营地

→ 英国英格兰湖区科克茅斯（Cockermouth）。我心中的完美周末就是沿着科克河（River Cocker）一路游玩，再到这座古朴的集市小镇休息，喝上一杯咖啡。坎布里亚郡如此美丽，根本看不够，游不完

→ 如果你钟爱古色古香的小镇和迷人的湖泊，可以考虑到以下地点露营：
　　奥地利　哈尔斯塔特（Hallstatt）
　　法国　阿讷西（Annecy）
　　美国阿拉斯加州　凯奇坎（Ketchikan）

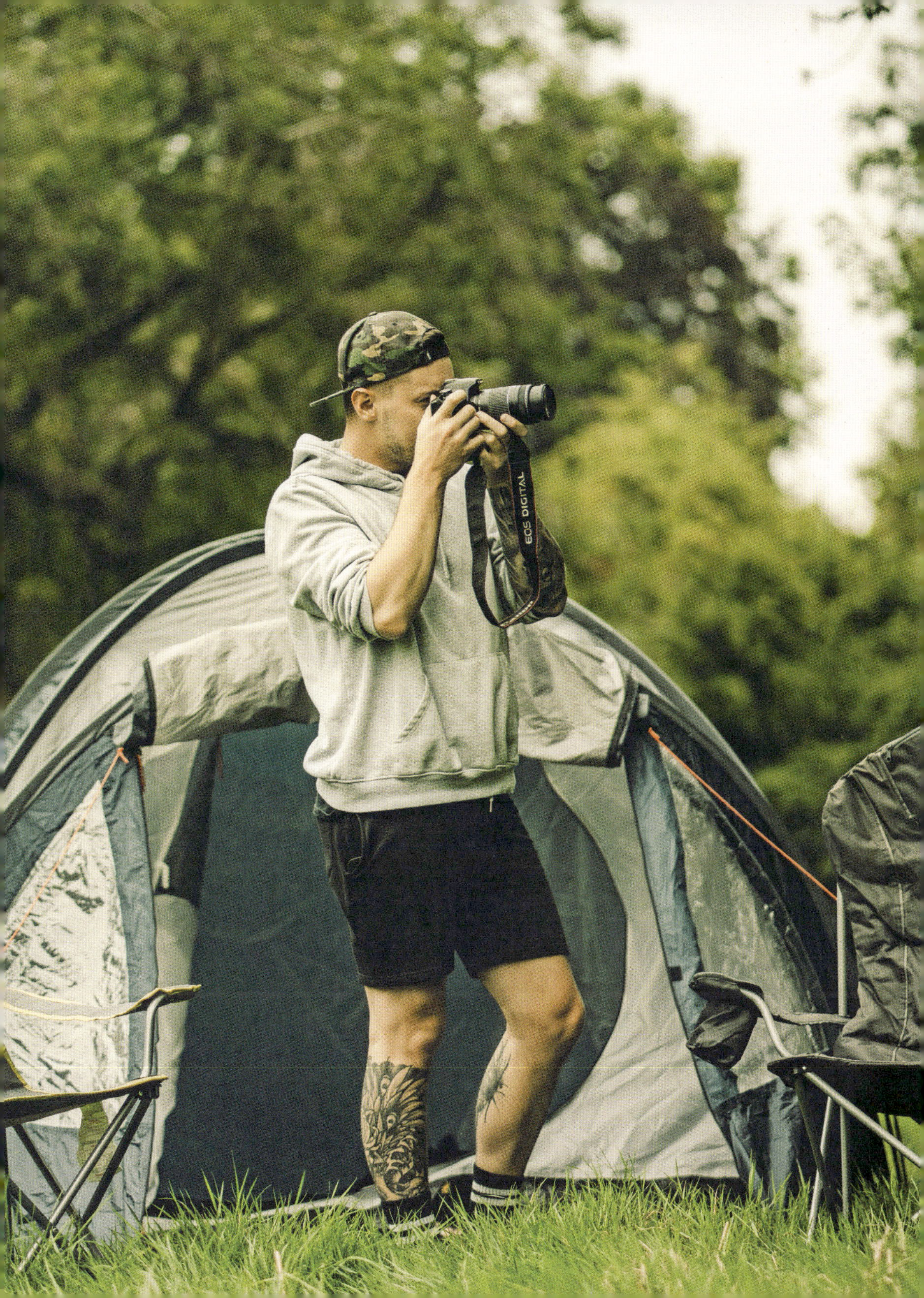
EOS DIGITAL

"帐篷在哪儿"小分队（乌克兰/荷兰）

夫妻雄心勃勃，梦想全职旅行

如果你想在一个难忘的地方开启人生第一次徒步与露营之旅，为什么不跟随达里娅（Daria）和迈克（Mike）的脚步，前往格鲁吉亚海拔5000米的卡兹别克山（Mount Kazbegi）山口呢？那是他们第一次到野外去。当然，到一个与他们的家乡乌克兰和荷兰大不相同的地方，不可避免地会经历一些波折起伏。那次，他们没带帐篷，只有一个睡袋，计划中浪漫的星光露营很快就泡汤了，他们只能暂歇于附近教堂的塔上，焦急地等待日出，好在山上小睡片刻，再体体面面地回去。

后来，达里娅和迈克找好装备，好好研究了一番露营的注意事项，就又开始往外跑了。他们彻底融入了野外露营的世界，曾到吉尔吉斯斯坦、波黑、阿尔巴尼亚等14个国家扎营露宿，最长的一次持续了34天。期间，他们总想在那些美得惊人的地方露营，但有时，经过一整天的艰苦跋涉，他们只能走到哪算哪，就地扎营。到目前为止，他们睡过最奇怪的地方是西班牙一个环形交叉路口中央。第二天醒来，他们发现旁边还有另外3个帐篷，住的是当地无家可归的人。这些流浪汉还高高兴兴地收下了他们送的睡袋。

众所周知，旅行就是要将费用降到最低，把钱花在刀刃上。达里娅和迈克外出露营时，一般会尽量多搭便车，吃当地市场的新鲜农产品，这样他们的经费能支撑更久。当然，露营的另一个好处在于不管在哪都能免费住宿，只要搭起帐篷，铺上防潮布即可。

自2017年第一次露营以来，达里娅和迈克到过很多有趣又刺激的地方，但他们都认为，到自然深处，那些人类很少涉足的地方，最有益于身心健康。在那里，他们能做回自己，敞开心扉，拥抱未知，或迎接来访的野生动物，或欣赏壮美的日出，听苍茫大地无声地奏响黎明的乐章。未来，他们还要继续探索世界，愿望清单上也还有很多罕见的人间美景要一一打卡。因此，我有强烈的预感，在接下来的很多年里，我还会一直听到达里娅和迈克问彼此——我的帐篷在哪儿？

"先学走，再学跑。尊重自然，第一次露营别带太多东西，自己感觉舒服最重要。"

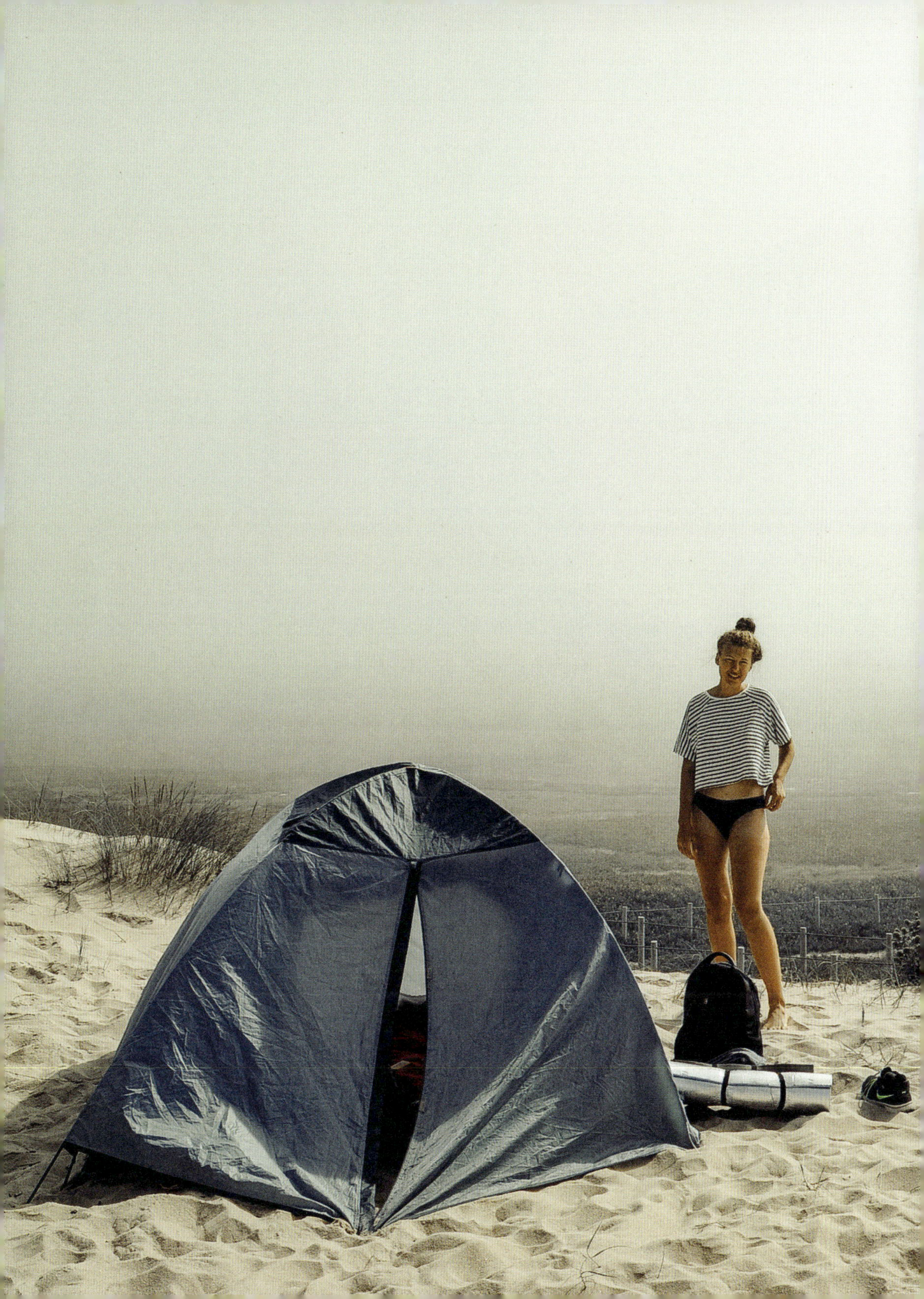

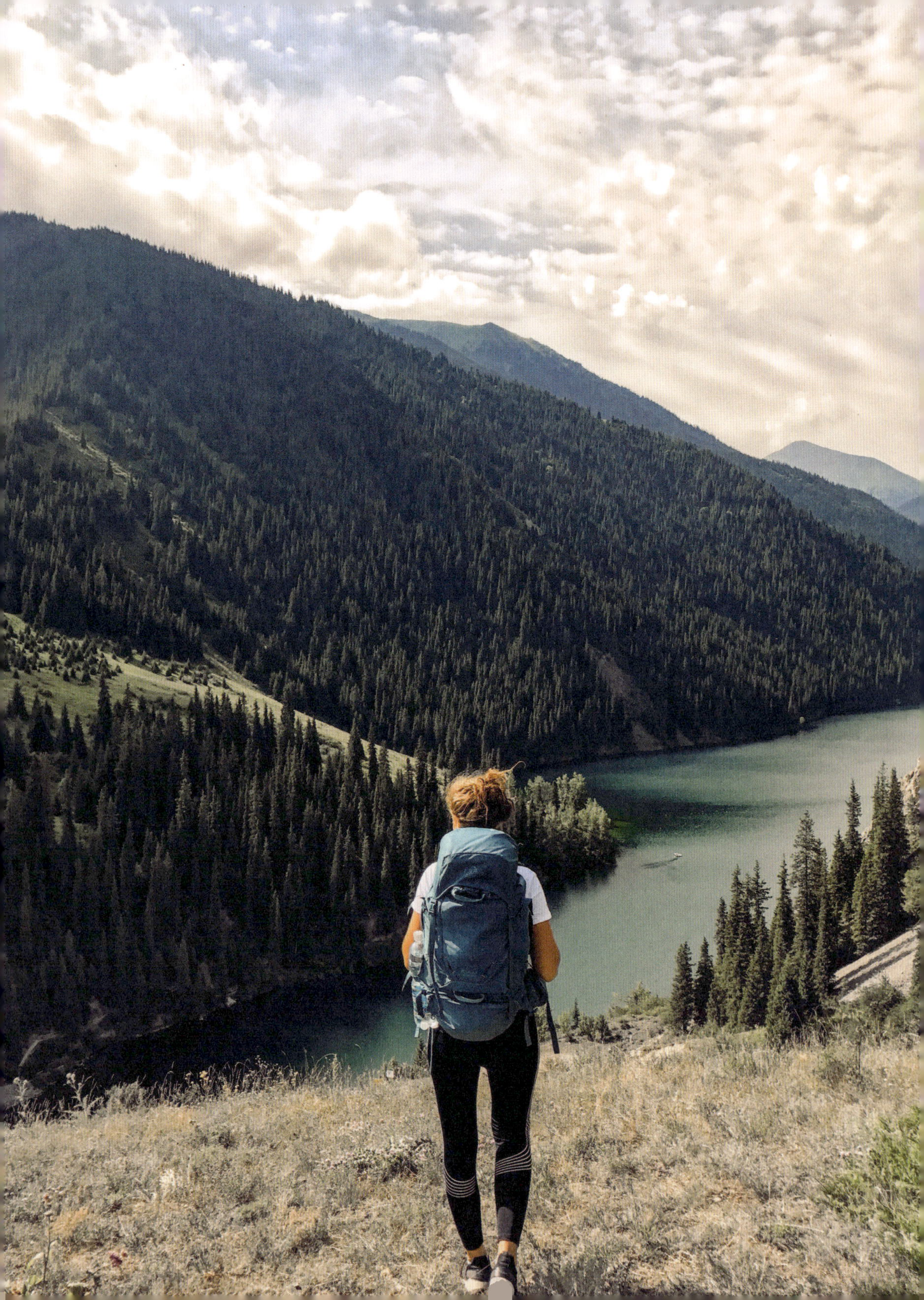

露营三大件

→ 充气床：让你在任何地方都能安然入睡

→ 帐篷：不管你去哪里，帐篷都是免费住宿的好地方

→ 睡袋：无论是在美丽的海滩上，还是格鲁吉亚教堂的尖塔里，都可用于保暖

最难忘的露营地

→ 从法国巴黎到西班牙马拉加省（Malaga），我们搭便车沿着欧洲西海岸一路游玩，在法国和西班牙各个美丽的景点扎营露宿，也在各种地方洗过澡，如加油站和市中心的喷泉

→ 如果沿着欧洲西海岸旅行的想法让你旅行癖发作，可以考虑以下地点露营：
　　美国佐治亚州　泰比岛（Tybee Island）
　　南非　开普敦大西洋沿岸（Cape Town's Atlantic Seaboard）
　　意大利　阿马尔菲海岸（Amalfi Coast）

第 3 章　周末露营爱好者　087

野营乔迪（英国）

与大自然重新建立联系

你还记得第一个带你接触露营的人吗？对于史蒂文（即"野营乔迪"）来说，他对野外生存的热爱要归功于他那喜欢冒险的祖父，是他带史蒂文到英国诺森伯兰郡的秀丽乡村露营，让他第一次体会到了露营的乐趣。和许多同年龄喜欢户外活动的孩子一样，他后来加入了童子军，进一步扩展了对自然世界的认识。童子军经历也点燃了他现在对旅行的热情——他的足迹曾抵达北美的洛基山脉（Rocky Mountains）和喜马拉雅山脉东段的拉达克（Ladakh）的高山隘口。

然而，和很多人一样，成年人的种种责任很快就占据了史蒂文的生活，给自己留下享受户外活动的时间越来越少。直到2020年新冠肺炎疫情严峻，史蒂文才开始有意识地改善自己的心理状况。他利用周末外出，呼吸干净的山林空气，同时通过锻炼发展身心。对史蒂文来说，野外露营不仅是为了欣赏美景，更是为了感受世界的潮汐，并在独处中寻求平静。露营给了他机会，让他得以忘记成年人的需求，专注自我和即时的世界。

独自露营时完全依靠自己，只有脑内想法与自己为伴，这样的情景确实有些可怕。在第一次露营前，我们的焦虑很可能会迅速达到顶峰，但正如史蒂文告诉我的，在不舒服的环境中挑战自己能带来长久的好处，而记住这一点尤为重要。在户外活动中，他不仅锻炼了心理承受力，增强了自信心，还坚定了信念：他相信自己只要下定决心，就能实现任何目标。通过选择熟悉的地点并通知多人他的目的地，他的旅行有了安全保障，在旅途中遇到困难时也不至于求助无门。

野外露营爱好者们都会告诉你，他们的装备清单非常私人，而确定自己在野外真正需要什么的唯一方法就是走出家门，体验大自然带给你的一切。史蒂文现在使用的是他久经考验的希尔伯格 Soulo 球形单人帐篷，他经过多年不同的尝试，才选择了如今的帐篷。史蒂文还会尽量购买二手或回收来的设备，以免好装备被当作垃圾填埋。

在史蒂文眼中，如果哪件装备最能代表他慢生活的精神，那肯定非酒精炉莫属。酒精炉并不因能快速准备食物而闻名，正相反，安装酒精炉和用其烹饪都应当有条不紊：先将所有零件组装在一起，再挡风、倒入酒精，等待火焰加热食物。史蒂文穿着羽绒服，在静谧的夜晚同美景相伴，此时的他不用争分夺秒，可以顺心而行。他在这里真正地感受到了归属感，对这个世界充满信心。

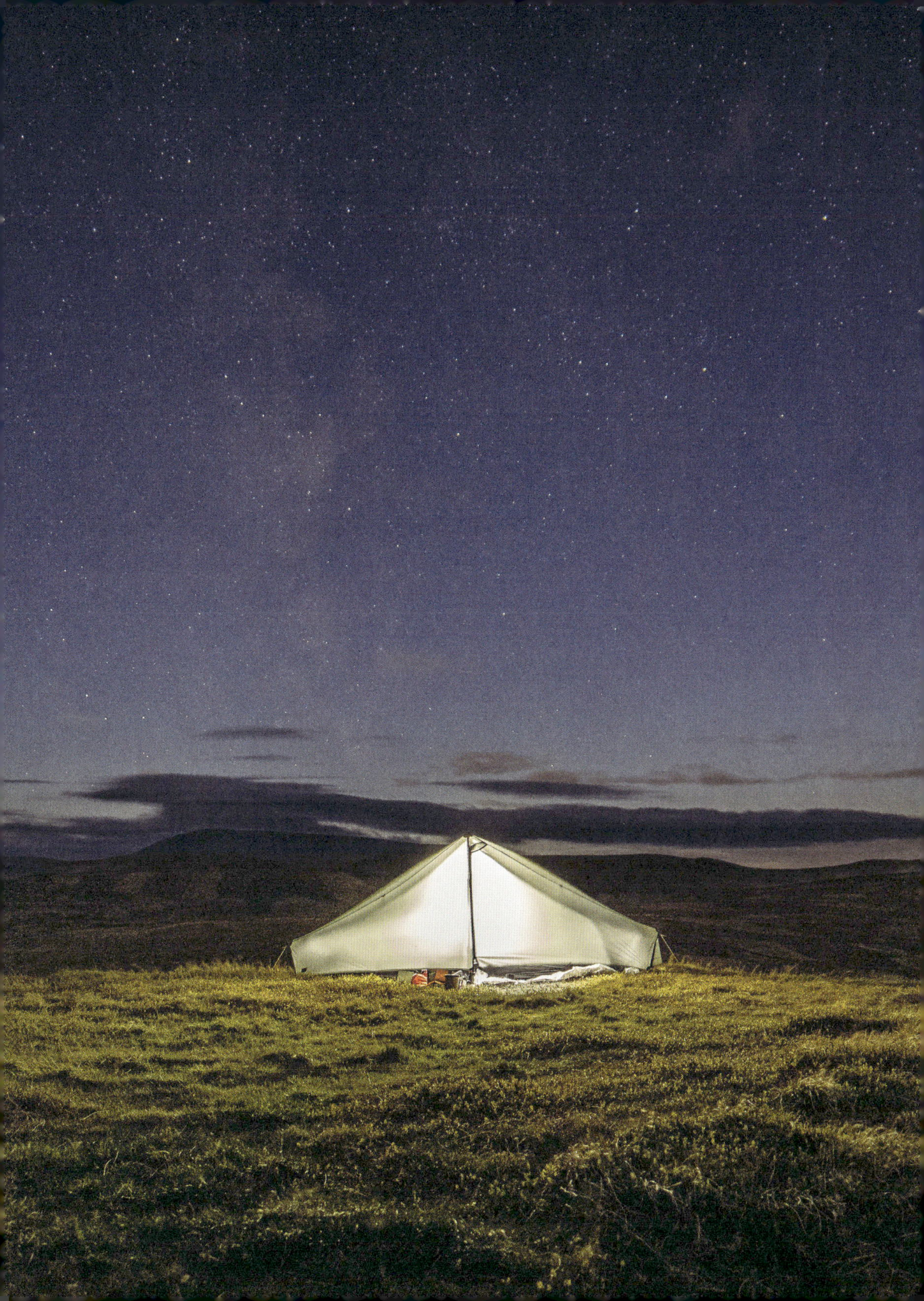

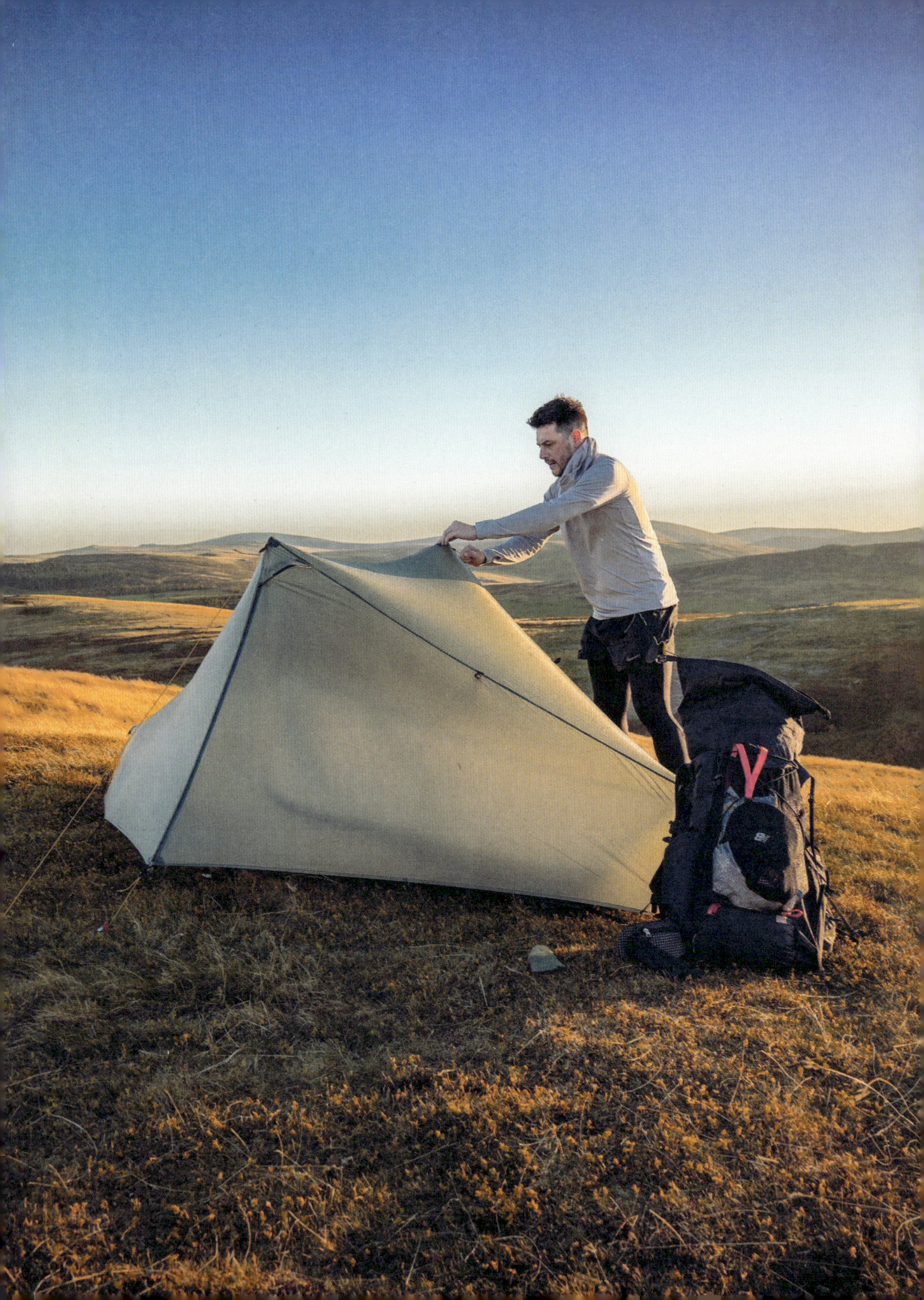

露营三大件

→ 防潮隔热睡垫：睡眠非常重要，因此我会尽量选择最平整的位置安放睡垫

→ 枕头：可以让你睡个好觉，为第二天的探险做好准备

→ 酒精炉：优秀的烹饪工具，能让你真正思索并享受食物的整个准备过程

最难忘的露营地

→ 在喜马拉雅山徒步和露营，让我对大自然的庄严心生敬畏

→ 如果你喜欢带着帐篷去喜马拉雅山露营，那么你也可以考虑以下地点：
　　澳大利亚　大分水岭（Great Dividing Range）
　　中东欧　喀尔巴阡山脉（Carpathian Mountains）
　　埃塞俄比亚　埃塞俄比亚高原（Ethiopian Highlands）

第 3 章　周末露营爱好者

快乐的沃德比（英国）

淡水钓鱼爱好者追求极致的露营体验

29岁的哈里·沃德比（Harry Waudby）已经钓了20年鱼了，可以说，他是个不折不扣的钓鱼迷。一开始，他只是为了逃离家长的"监控"，光明正大地和朋友一起出去玩。但后来，他开始去一些非常偏远宁静的地方露营、钓鱼。从新西兰多山的南岛地区（South Island）到柬埔寨潮湿的湖泊，哈里带着他钓鱼的小帐篷走遍了世界。现在，他一到周末就穿行于英国约克郡和诺丁汉郡之间，与水獭和翠鸟共享山光水色，更重要的是，寻找终生难得的钓鱼好去处。

露营意味着哈里能在离家远的地方过夜，这样一来，他周末就能开车去一些很棒但较远的地方钓鱼，或是在垂钓点多待几天，耐心地等待提竿的好时机。当然，哈里在收拾行李之前也会做一些功课，如查看谷歌地图和社交媒体，搜寻鱼多的地方。到了河边，把钓鱼帐篷搭好后，他就要施展自己的钓鱼技术了，先辨别出该水域鱼的种类，再找出钓鱼的最佳方法。

哈里钓鱼经验丰富，一年四季都沉浸其中，夏天主要钓鲅鱼，冬天就钓掠食性梭鱼和鲈鱼。他的装备相对简单，包括"福克斯"的EOS单人钓鱼帐篷、5升或10升的水壶（根据垂钓时长合理选用）、小炉子和三明治机等。他常常一边欣赏水面上斑驳的落日倒影，一边用三明治机做培根三明治和迷你比萨。哈里还有一辆结实的钓鱼用越野手推车，可适应各种崎岖地形，顺利将他的露营和钓鱼装备从一地运往另一地。此外，他会随身携带一个实用的小铲子，当他在河边内急时，就能在周围茂密的树荫下解决，再利用这个好地方给便便造一间"河景房"。毫无疑问，哈里不是那种到处求表扬的人，但我确实觉得他的露营生活恬静悠然，令人向往。

"保证水分的摄取，带上配置充足的急救包，并熟悉一下'三词地址'（What3words）。有了这个神奇的应用程序，无论你在哪里，遇到紧急情况都能快速报出自己的准确位置。"

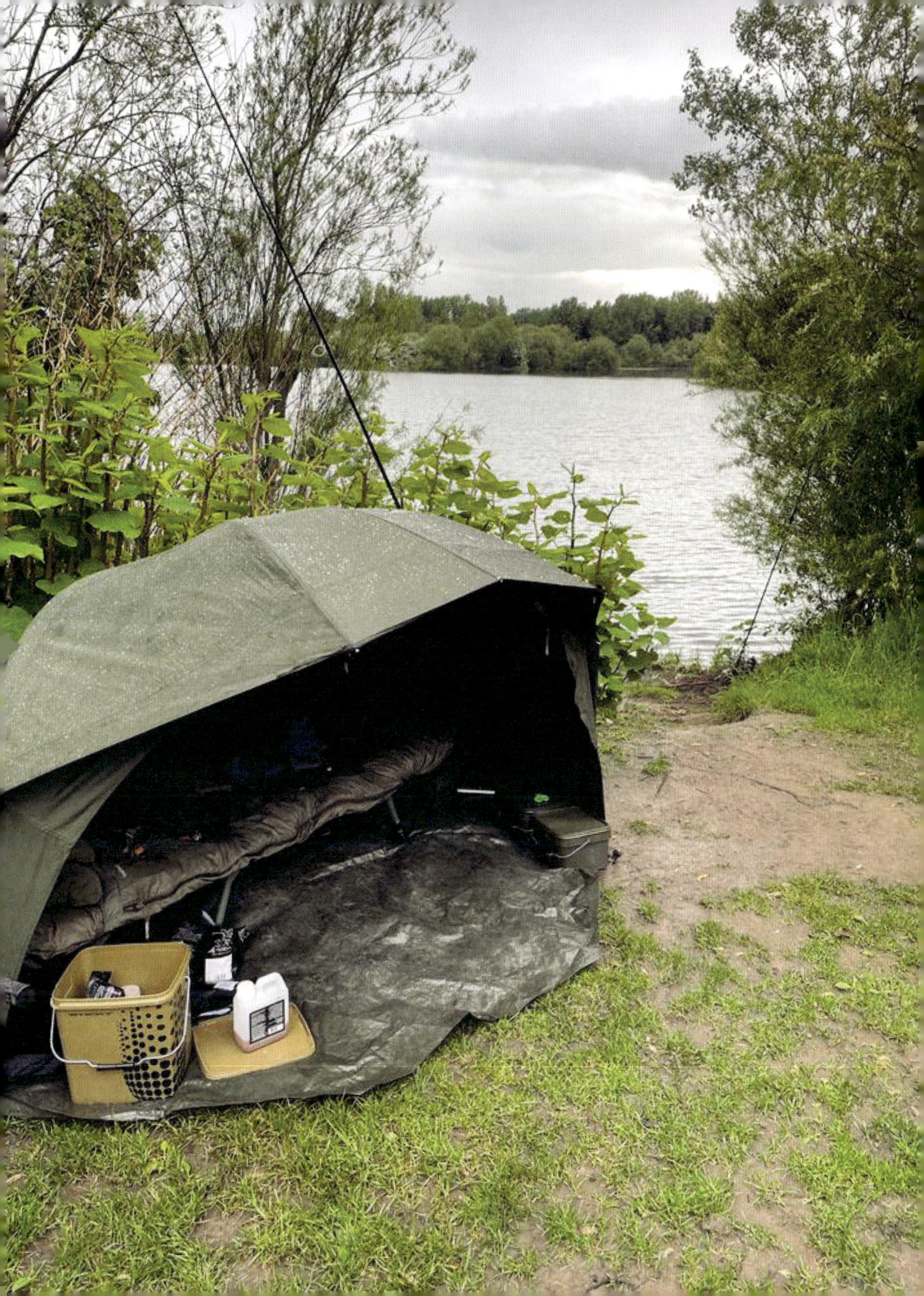

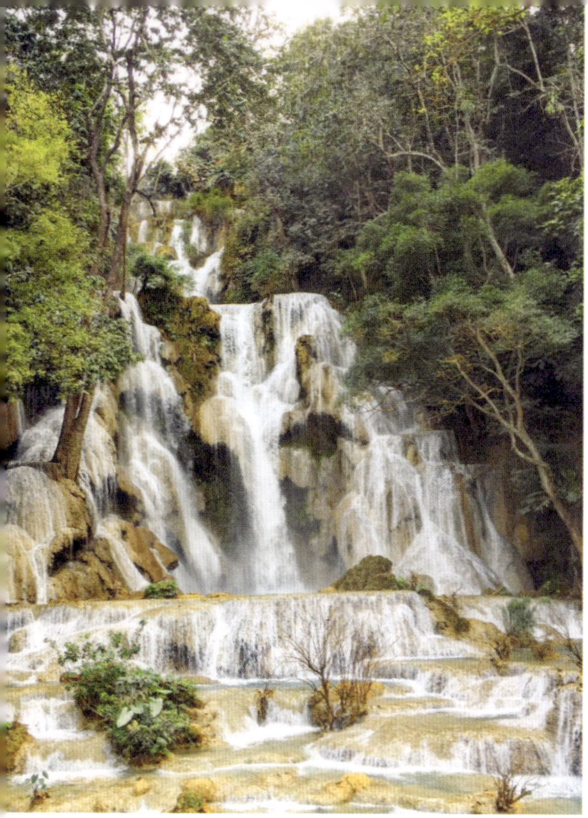

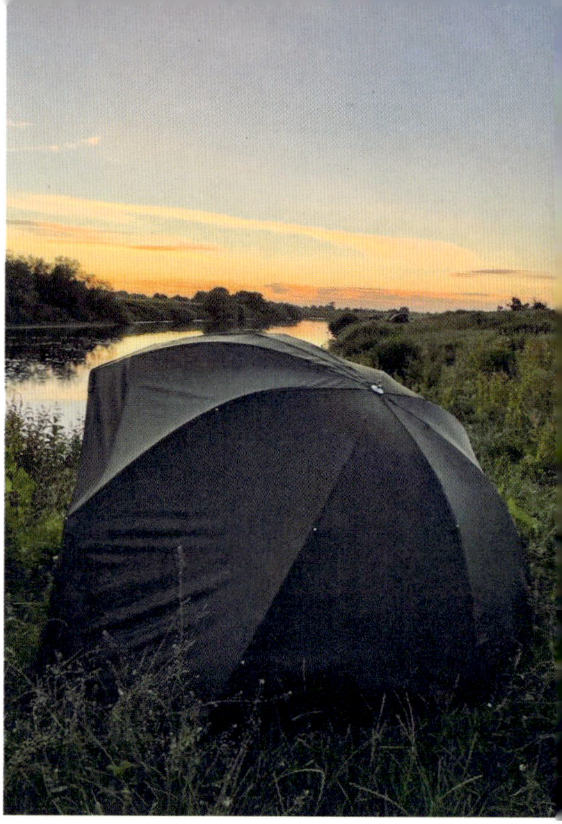

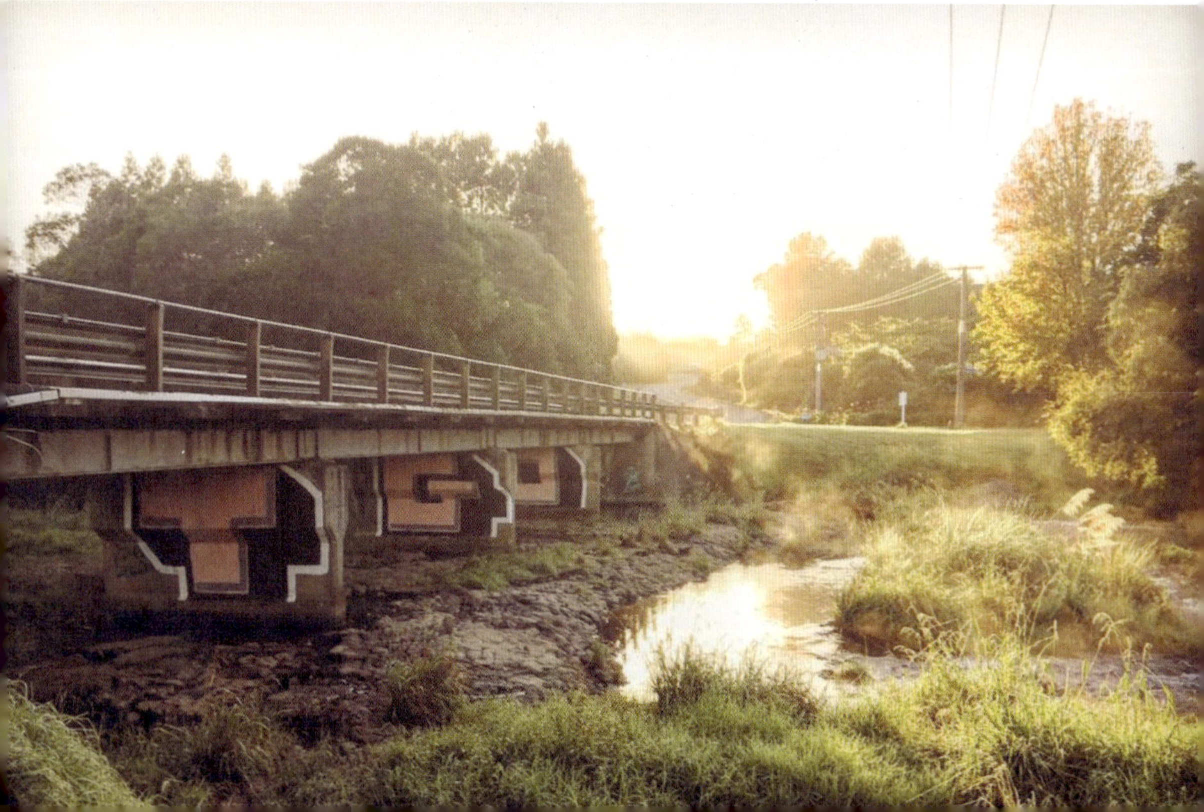

露营三大件

→ 咖啡：助你聚精会神，钓起大鱼

→ "莱瑟曼"（Leatherman）的小折刀：用于烹饪和扎营

→ 折叠钓椅：避免长时间钓鱼，引起屁股发麻

最难忘的露营地

→ 新西兰雷英加角（Cape Reinga）。当时风雨交加，我在那里的海滩上露营，钓到了一条长2米的短尾真鲨，那是我钓鱼生涯中的高光时刻，让我终生难忘

→ 如果你欣赏哈里在雷英加角冒着暴风雨钓鱼的冒险之举，可以考虑到以下地点露营：
　　西班牙　阿科鲁尼亚（A Coruña）
　　美国加利福尼亚州　皮金角（Pigeon Point）
　　土耳其　希莱（Şile）

第 3 章　周末露营爱好者　095

阿米拉（英国）

追求露营多样化

如今，阿米拉常常爬到山上，深入荒野，在世界各地徒步、露营。作为"她旅行"社团的创始人，她还积极推动露营活动向多元化发展。但其实，阿米拉从小在英国城市中心区长大，就她的背景而言，踏足户外并非常事。直到年岁渐长，离婚之后，她才爱上了户外活动。起初，她向朋友的父亲借了一顶帐篷，在露营地边学边做，成功完成了首次露营，给自己的愿望清单打上了一个勾。此后，她就盼望着能多多体验户外生活，并在2021年搬到英国湖区居住。

阿米拉参加过很多充满挑战的露营活动，在其中反复摸索，才终于配备上了合适的露营装备，磨炼好了相关的生存技能。第一次露营时，她带了一堆东西，连厨房水槽都没放过。现在，她已经知道最重要的是带上净水丸、合适的药物、蜱虫移除器和配置充足的急救包。从对付各种恐怖的小爬虫到第一次在野外上厕所，阿米拉不断走出舒适区，直面未知，在野外环境中寻找快乐。在那里，她的灵魂自由自在，无拘无束，不断探索美景。

信仰与礼拜在阿米拉的生活中扮演着重要的角色。她信仰的宗教教她要保持平和宁静，简单淳朴，专注当下，远离尘世无意义的纷纷扰扰。她就怀揣着零浪费、质朴的生活观，度过了一次又一次露营之旅。期间，她穿梭于广袤的大地上，逐渐学会与世界和解，与真实的自己和解。阿米拉非常注意旅途中的个人卫生；她每天做5次礼拜，每次礼拜前都必须洗小净[1]。为此，她总随身携带一个喷雾瓶来洗手，并注意确保自己露营的周围有充足的水源供应，如能获得像小溪这样的干净水源。

阿米拉觉得如今的露营文化缺乏多样性，确实，在杂志或社交媒体上，很难看到黑人、原住民和有色人种露营爱好者的身影。一个团体的核心成员中没有自己的代表，很容易会让人觉得这个团体不是为自己打造的，或者说，这个团体不欢迎自己。为改善这种情况，阿米拉创立了"她旅行"，专门为在露营文化中缺乏代表的妇女服务，成员主要是穆斯林女性。自那以来，阿米拉不放过任何露营的机会，周末一有空就会携友出游，说走就走，至于具体去哪玩，又在哪扎营，就只听从自己的内心。现在，她还经常带着其他妇女踏上她们的首次露营之旅，借助自己丰富的经验，引导她们体验野外生活，让她们轻松露营，从中获得最大的乐趣。

鉴于适合露营又保守的衣服不多，阿米拉和"旅友"（Trekmates）合作，推出了一款防水防风又透气的面纱和头巾，供穆斯林妇女参加徒步等户外活动时佩戴。

---

[1] 洗小净：《古兰经》规定穆斯林在礼拜前必须做洁净，即必须把日常显露在外面的肢体洗净。

"享受旅途中的种种意外。虽然有些事情会坏了你的好心情,但请坦然接受旅途中的变化,从正反两方面的经历中学习。"

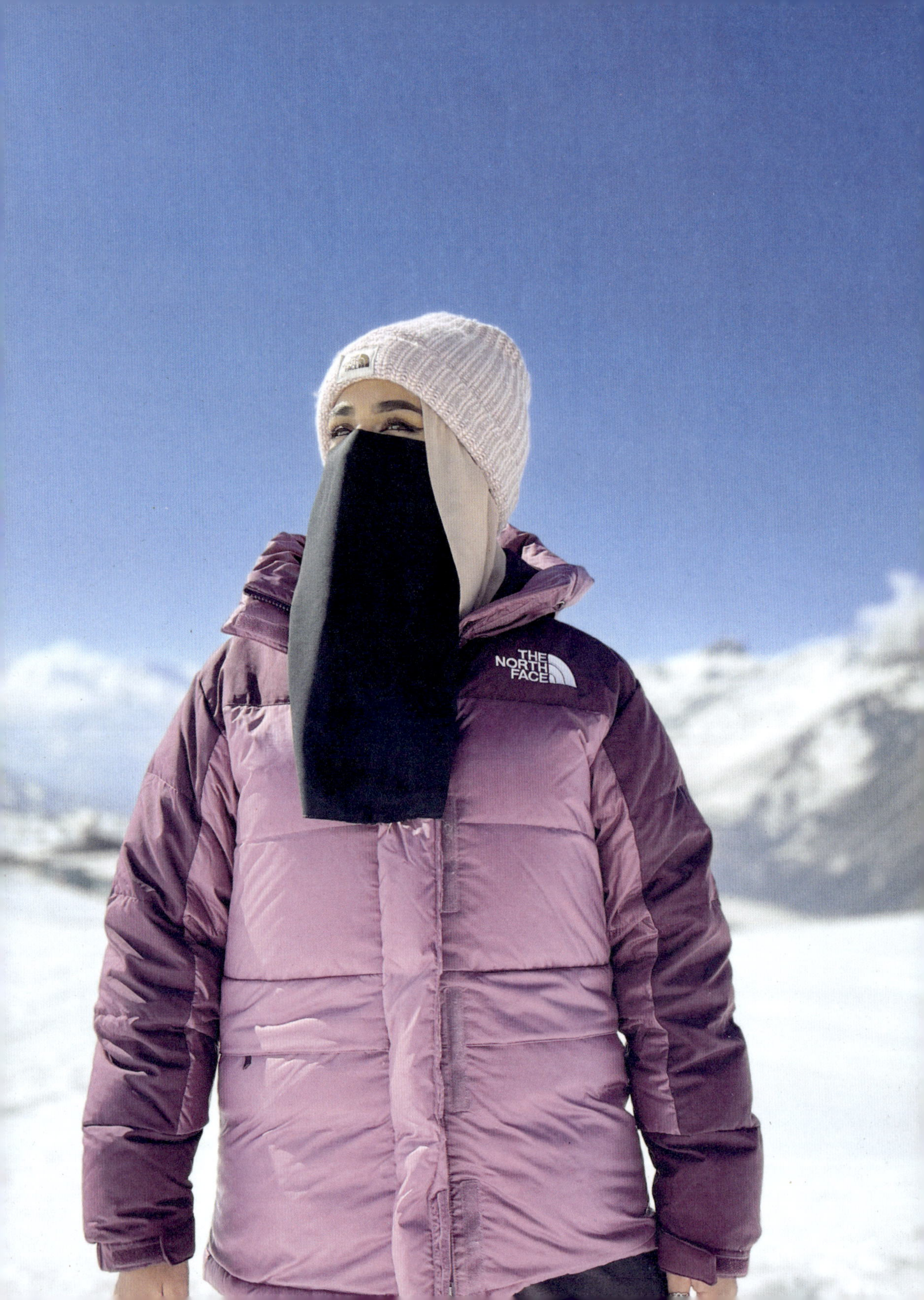
THE
NORTH
FACE

露营三大件

→ 水：用于饮用、做饭和礼拜前的清洗

→ 做礼拜用的念珠和拜毡

→ "捷宝"的小型炉具：饥肠辘辘时，可以实现快速烹饪

最难忘的露营地

→ 英国英格兰湖区。那是我和朋友艾莎（Aisha）的第一次旅行，也是我第一次体验野外露营。夜晚在漫天繁星下入睡，早上起来再看一看天边的云卷云舒、壮阔日出，可谓美不胜收。我永远不会忘记当时的场景，也很幸运能长期住在附近。

→ 如果你被湖区的美景吸引，也喜欢在山里徒步，可以考虑到以下地点露营：
　　哈萨克斯坦　科尔赛湖（Kolsay Lakes）
　　智利和阿根廷　巴塔哥尼亚
　　北部湖区（Lake District）
　　中国　长白山天池

第 3 章　周末露营爱好者

周末露营必备神器

1. 便携式炉具

很多露营爱好者用"特兰吉亚"（Trangia）的炉具做饭，因为它们轻巧便携。但我喜欢更大、火力更强劲的款式，如"露营用气"（Campingaz）的"露营小酒馆"（Camp Bistro 2）气炉，搭配卡式气罐使用，只需几分钟就能把水烧开，不管你是想把所有食材一锅煮，还是想用"岭猴"（RidgeMonkey）的煎锅做三明治，都不在话下。

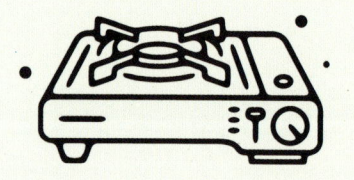

2. 户外电源

如果你要远离电网覆盖区域，一定要确保手机和导航设备一路电量充足。拐错一个弯，或是天气一变，你就可能需要救援，而山区不会有很多 USB 充电接口。

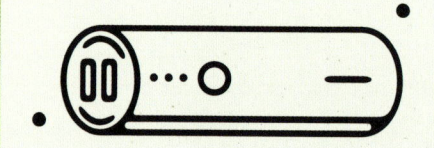

3. 滤水器

如果沿途水源丰足，丢掉塑料瓶，带上一个滤水器吧。这样，你一口渴就可以从附近水源取水喝个够，以防脱水。出门一定要带一个！

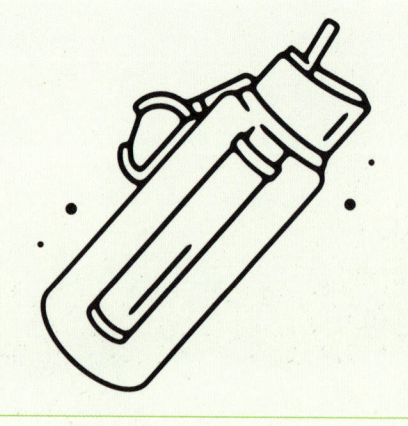

4. 睡袋

即使是地球上最热的地方，晚上也可能变得非常冷。要想白天探险顺顺利利，晚上一定要睡得好。一个温暖舒适的优质睡袋，便能让你无惧气温骤降。

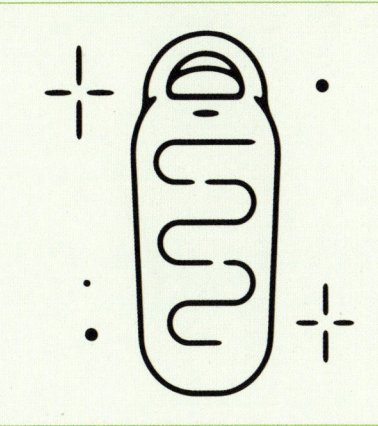

5. 露营椅

走了一整天的路之后，你会庆幸有这样一把椅子。舒舒服服地坐下来，享受你的晚餐，再和朋友一起喝杯冰镇啤酒。把树根留给小松鼠吧，好好放松一下你的背和腿。

6. 外套

如果你在低温下徒步、露营，却没穿对衣服，很快就会觉得不舒服。这甚至会严重损害你的健康，因此天气冷时一定要穿得够暖和。"拉布"（Rab）的"英勇"系列（Valiance）防水羽绒夹克穿起来就像穿着睡袋一样，是我穿过的最暖和、最舒服、最实用的夹克！

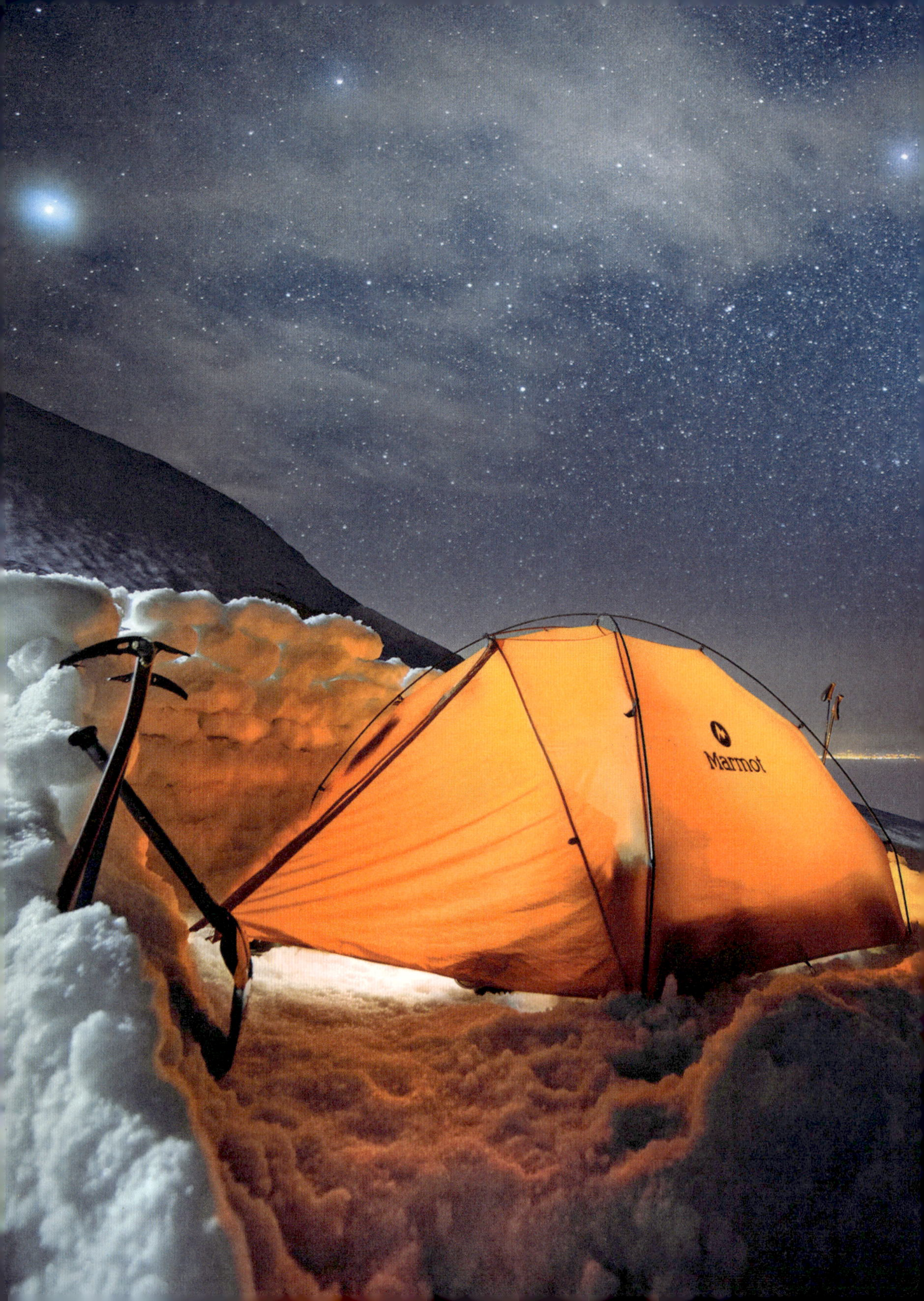
Marmot

第 4 章

露营极限玩家

　　如果你心目中的露营就是到后花园里轻轻松松走一遭，就不必往下读了。这一章讲的都是那些不断寻求刺激，奋力奔向极限的露营爱好者们。清晨，我们还在喝茶提神的时候，他们就已经摩拳擦掌，准备迎接生命的终极考验。

　　你将看到的探险者们，不仅会迎接挑战，还会创造挑战，成为其他露营爱好者努力超越的目标。当然，在经历过几次侥幸的死里逃生后，他们中的一些人已经知道有些事情不能轻易尝试。但是如果他们没有勇敢冒险，创下如此非凡的成就，那么他们的生活就不算过到了极致，我们也肯定没有那么多可供仰望的对象了。

　　我在派对上也不会有那么多了不起的趣闻轶事可讲了！从把吊帐挂在岩壁上美美入睡的攀岩者，到在零下环境里露营的极限徒步者与探险者，这些露营极限玩家总是以惊人的活力投入露营，让人不由得满怀敬畏，开始反思自己接送孩子上下学，或不小心踢到狗碗时为什么要抱怨。准备好心脏狂跳吧，千万别往下看！

蒂玛·德里扬（黎巴嫩）

跨越自身界限，共创美好世界

在蒂玛（Tima）童年的大部分时间里，人们总评价说，她的雄心壮志就像一座难以攀登的高山。作为女人，她不可能像男人一样完成这么艰巨的任务，因为她不够强壮，无法达到自己的目标。我猜那些人现在已经哑口无言了，毕竟蒂玛已经成为第一个登上珠穆朗玛峰的黎巴嫩女性以及最年轻的阿拉伯人，这也是她在世界范围内登上的第18座高海拔山峰。事实证明，一个人的性别或出身与其克服困难的能力并无关联，永远不要低估一个人的意志力和决心，蒂玛就是活生生的例子。

蒂玛一直酷爱探险，这并不令人意外。她始终热衷于寻求刺激，完成让人肾上腺素飙升的耐力壮举。从四处旅行，寻找世界上最高的蹦极点，到探索海底世界，再到在阿联酋迪拜的沙漠上空挑战飞机跳伞，蒂玛已经花了多年的时间，试图找到能真正让她满心欢喜、考验她身心素质的运动，作为她的终极挑战。

攀登珠穆朗玛峰是蒂玛毕生的梦想，她的目光始终投向珠穆朗玛峰之巅，即使成功机会渺茫，死亡率又很高，她也初心不改。她第一次探险是2016年攀登俄罗斯厄尔布鲁士山（Mount Elbrus）。期间，她逐渐形成了一种观念：登山要与山合作，而不是试图征服山。同时，登山要保持自信专注，不断从周边环境获取所需信息。正是因为蒂玛愿意敞开心扉聆听大自然的教导，又能专注当下，保持敏锐，才能时时刻刻充满活力。

在很多人看来，海拔5360米的珠穆朗玛峰大本营绝对算不上舒适的露营地。但蒂玛在那待了一个月，以逐渐适应环境，为登上海拔8848米的珠穆朗玛峰最高点做准备。在这一个月内，她进行了3次轮换❶，最后1次在海拔7200米处扎营，并开始使用补充氧气进行攀登。毫无疑问，要在珠穆朗玛峰上长时间停留，一顶温暖舒适的帐篷至关重要，蒂玛那可靠的"欧雷卡"帐篷就表现不俗。当然，蒂玛也把所有装备都堆放在了紧贴帐壁的地方，包括两个旅行袋和其他攀登装备，以更好地抵御寒风侵袭。那段时间，蒂玛常常1周都穿着同样的衣服，方便的时候用肥皂清洗，再在太阳底下晒干。在晴朗无风的日子里，她会邀请其他登山者到帐篷里打牌聊天；暴风雪降临时，她就安安静静地待在帐篷里，捧着热水瓶看本好书。

我非常喜欢蒂玛的故事，不只是因为她那些令人敬佩的探险经历，更因为她在和逆境斗争时表现出了坚定不移的决心。攀登世界上最高的山脉并在上面露营，渐渐改变了她的人生观，赋予了她强大的内心、自由的意志和巨大的勇气。现在，蒂玛正在为其他人的生命之旅保驾护航，希望把这种精神传递给更多的人。

---

❶ 轮换：指登山者从珠穆朗玛峰大本营出发的小旅行，每次都会逐渐往高处走，让身体逐渐适应。

"善用白醋，这是妈妈教我的小窍门；白醋不仅环保，还能杀菌！我以前在珠穆朗玛峰大本营时，每周都用它将帐篷擦拭干净！"

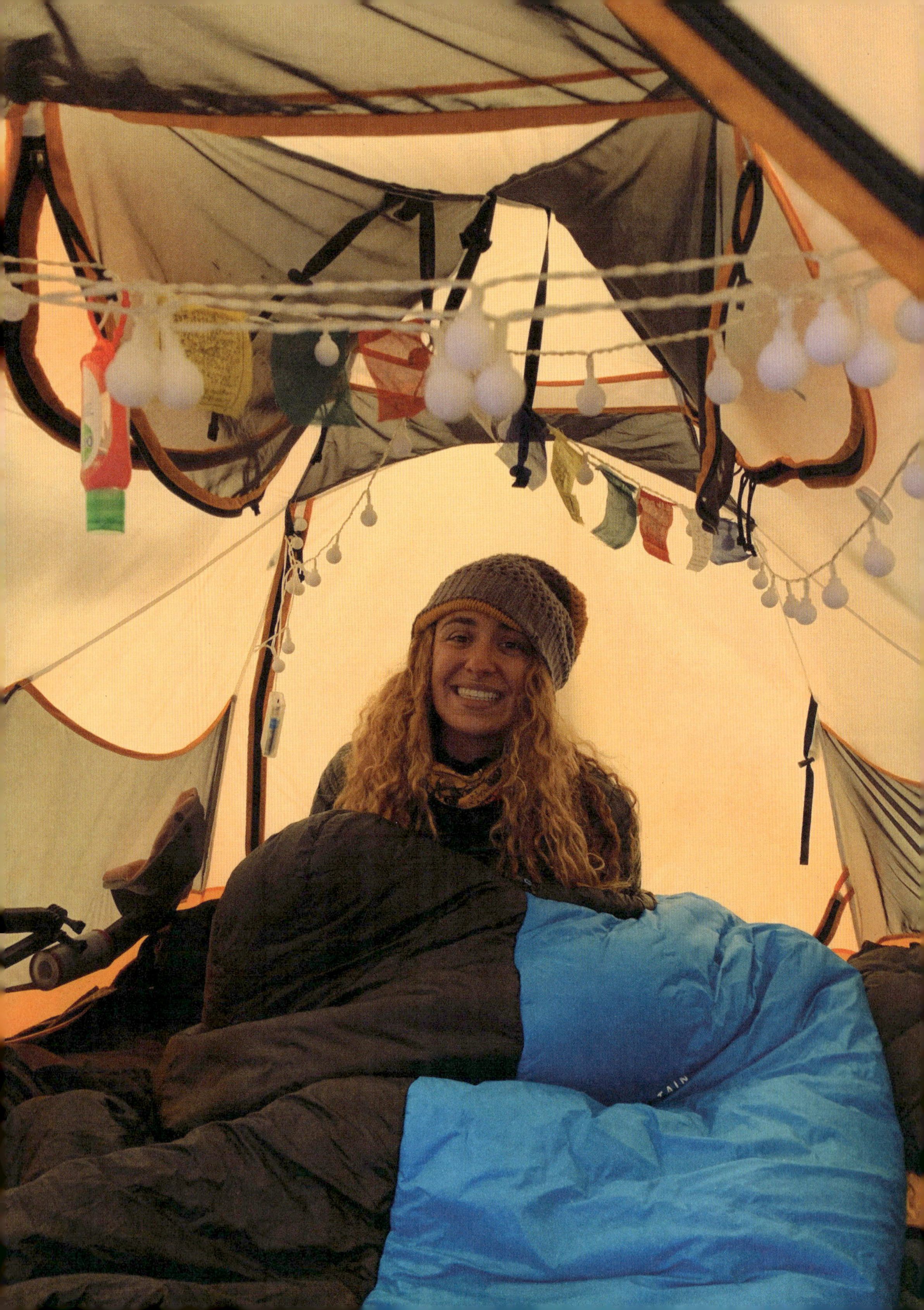

露营三大件
- 帐篷
- 保暖睡袋
- 小吃：登山真的会很饿

最难忘的露营地
- 奥霍斯－德尔萨拉多峰（Ojos Del Salado），世界上最高的活火山。登上南美洲的最高峰后，我和山友们继续前往奥霍斯－德尔萨拉多峰大本营。攀至高海拔地区，我已精疲力尽，在帐篷里休息了3天左右。下山时，我们还被困在暴风雪中
- 如果你喜欢在活火山上攀登、露营，可以考虑到以下地点露营：
  美国华盛顿州　圣海伦斯火山（Mount St. Helens）
  厄瓜多尔　科托帕希火山（Cotopaxi）
  哥斯达黎加　阿雷纳尔（Arenal）

第 4 章　露营极限玩家　107

马蒂和克莱尔（英国）

骑行寻求纯粹的自由

露营能在短时间内给探险者一个容身之所，对于骑行背包客马蒂（Matty）和克莱尔（Clare）而言，这可能是他们随时随地都在做的事。正是这种天生的冒险意识让这对勇敢的夫妇走到了一起，促使他们开启了为期 6 个月的环球自行车背包旅行。期间，他们游过澳大利亚内陆，也骑行绕过尼泊尔安纳布尔纳峰环线，途中一直露天宿营，睡在"篷布"的"凌云塔"双人帐篷里。

马蒂对骑行有着不灭的热情，此前就曾骑车穿越并露宿 20 个不同的国家，但克莱尔的骑行经验主要还是来自学生时代的日常通勤。尽管如此，他们带着对这种新型探险形式的一知半解和满腔热情，很快就在英国直布罗陀机场组装好了两辆自行车，踏上了这毕生难忘的露营之旅。自那天起，他们一路骑行、露营，创造了无数的美好回忆。他们原本是为了省钱，才选择以骑行的方式长途旅行。现如今，骑行已经成为他们神秘又刺激的生活方式。

两人一组骑自行车旅行，旅行者能与朋友或伴侣一起分享许多动人的时刻，创造无数美好的回忆。但马蒂和克莱尔也一定会告诉你，更重要的是，两个人可以分担彼此露营装备的重量。在最终出发之前，马蒂和克莱尔一遍又一遍地检查行李；想到要骑着一辆重 30 千克的自行车翻山越岭，谁都会毫不犹豫地把那些非必需品从包里拿出来。在这方面，这些年来，马蒂和克莱尔早已磨炼得足够无情。一般情况下，克莱尔负责带轻便的天幕帐篷，马蒂负责带双人被和炉具，剩下的空间还可以再放一两样能提高露营生活质量的东西，如 Kindle 电子书阅读器，外加克莱尔的速写本和相机，以便在路上以艺术的形式记录他们的旅程。

就预算而言，自行车露营旅行非常实惠。

为了这趟尼泊尔与澳大利亚之旅，马蒂和克莱尔存了几千英镑。后来，他们一路精打细算，还在新西兰打工赚取回程路费。他们主要的支出在于时不时要在露营地清洗他们为数不多的衣服，给电子设备充电，当然还有食物上的支出。

"对于长期交往并想要尝试户外野营的情侣，我们建议二人在到达城市后进行一天的单独活动，然后回来再分享彼此的收获。我们喜欢这样做，因为每天在一起旅行太久了，有时聊一聊各自的旅行也会增加新鲜感。"

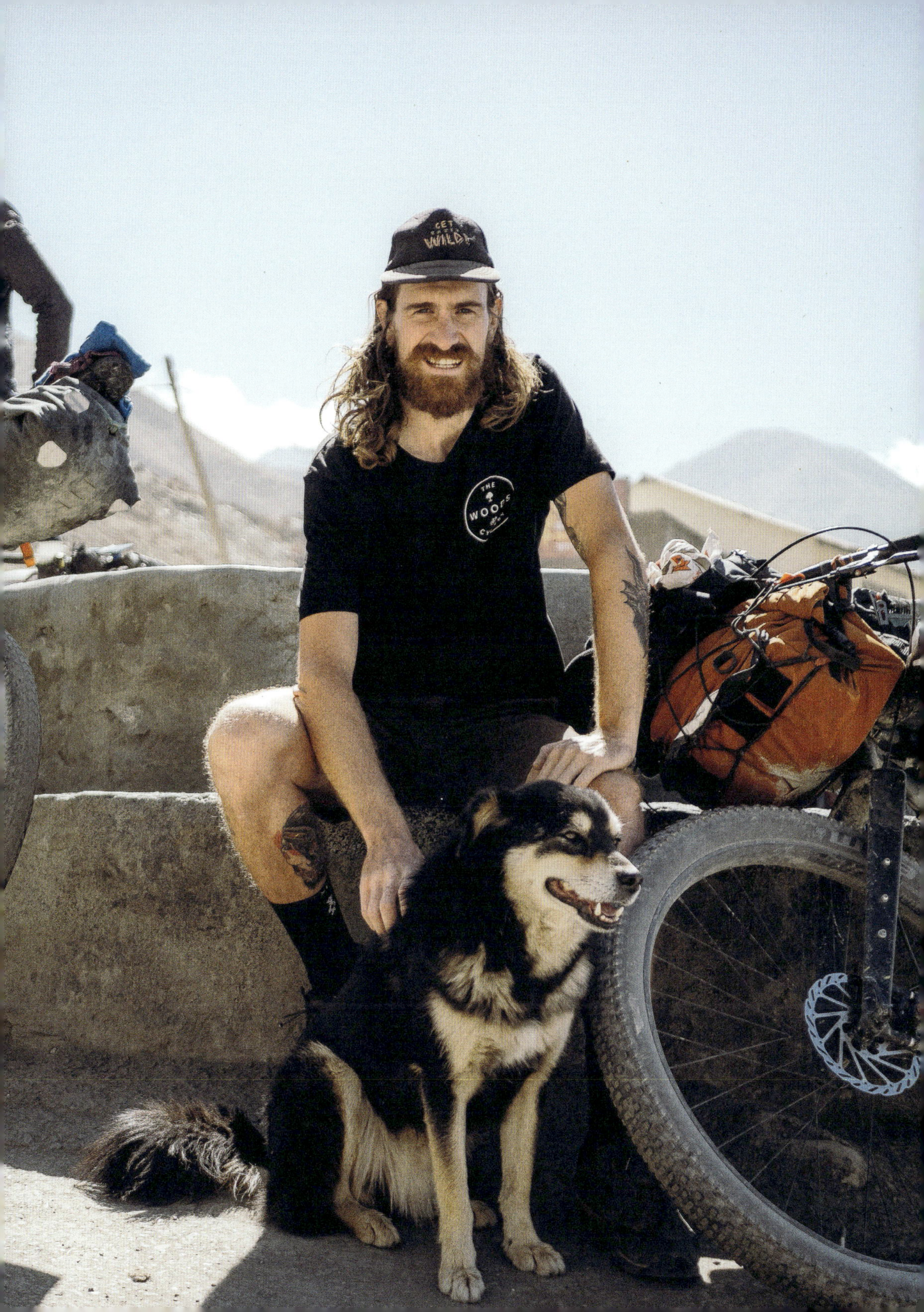
WILD
THE
WOOFS

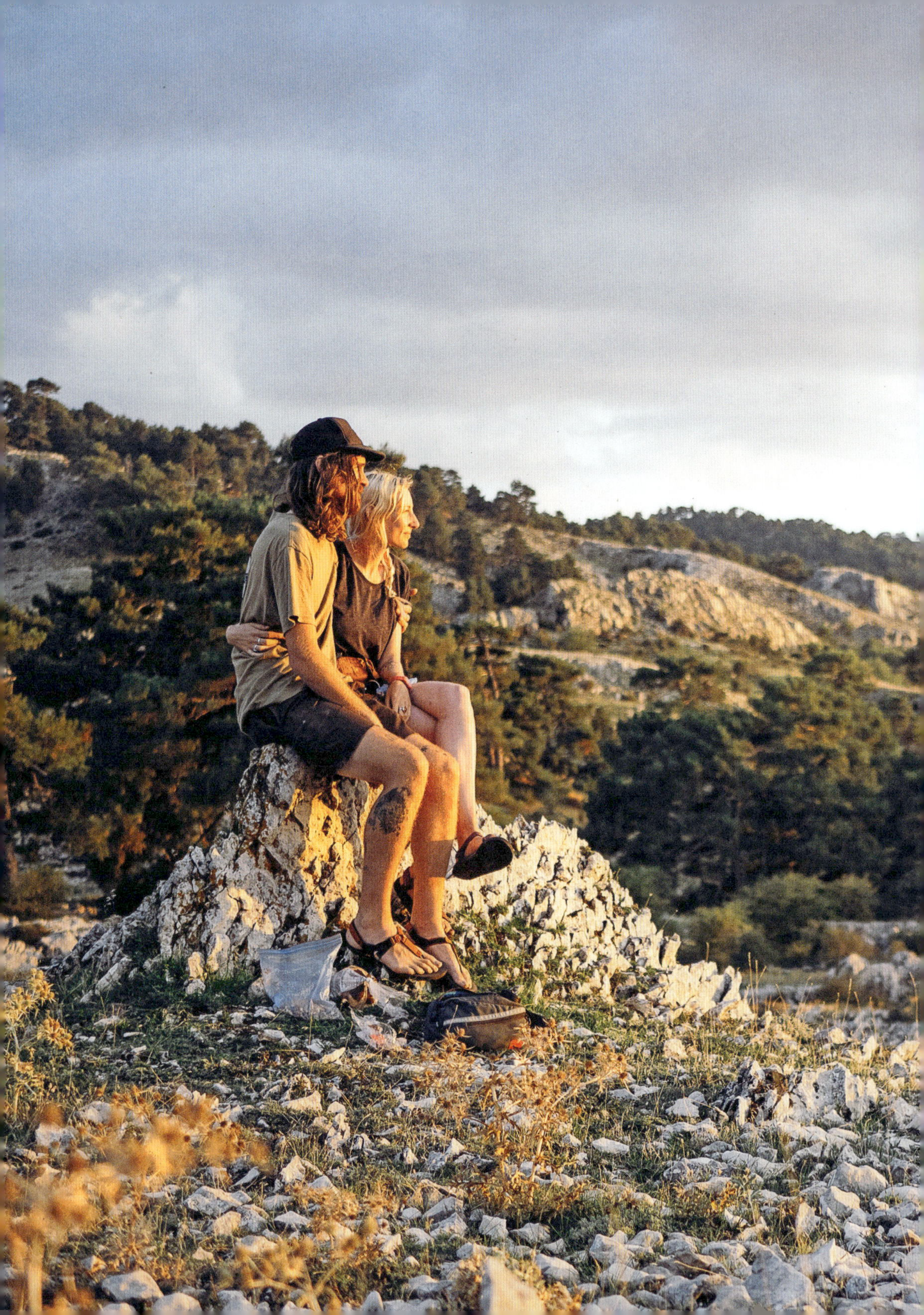

说到在自行车背包旅行途中获取食物，马蒂和克莱尔必须提前计划，安排好沿途在哪些小镇和村庄停留补给，让每次带的食物都刚好能支撑到下一个补给点。至于水，他们会用重力式滤水器将溪水快速过滤，这样，他们在回到安全的营地前也能喝上干净的水。

至于安全问题，在野外，他们提防的并不是人类，马蒂和克莱尔搭帐篷时，总是尽量躲开那些窥伺的目光。早先，他们在西班牙中部偏远地区露营时，就曾和当地的野生动物发生了惊险刺激的碰撞：当时那只野猪显然对闯入它地盘的夫妻俩不甚欢迎。但是抛开那些不请自来的客人们不谈，马蒂和克莱尔乐于在那些原本很难到达的地方露营，他们很珍惜这种掌控感。旅途艰难却有益，他们喜欢就这样彼此依靠，互相引导，互相支持，度过途中的起起伏伏。

露营三大件

→ 相机：记录我们的旅程

→ 冲锋衣：当气温骤降时，你会庆幸手头有件保暖外套的

→ 一顶结实的帐篷：帐篷底座要安全坚固。知道自己有有一个安全又牢靠的住处，你睡觉都会安稳很多

最难忘的露营地

→ 肯定是尼泊尔，因为那是灵性之地；庄严的佛塔、崇高的集体精神，都笼罩在世界最高的山脉之下。首都加德满都市中心喧闹不已，似乎很多人都将正式踏上探险之旅，有些甚至打算登珠峰

→ 如果你想试着探险，想去尼泊尔特别是安纳布尔纳峰环线这样的地方，可以考虑到以下地点露营：
欧洲　欧洲分割步道 ❶（The European Divide Trail）
美国　科罗拉多步道（The Colorado Trail）
冰岛　冰岛分割步道（Iceland Divide）

❶ 欧洲分割步道：全程 7600 千米，从欧洲大陆的东北角到西南角，将欧洲大陆一分为二。

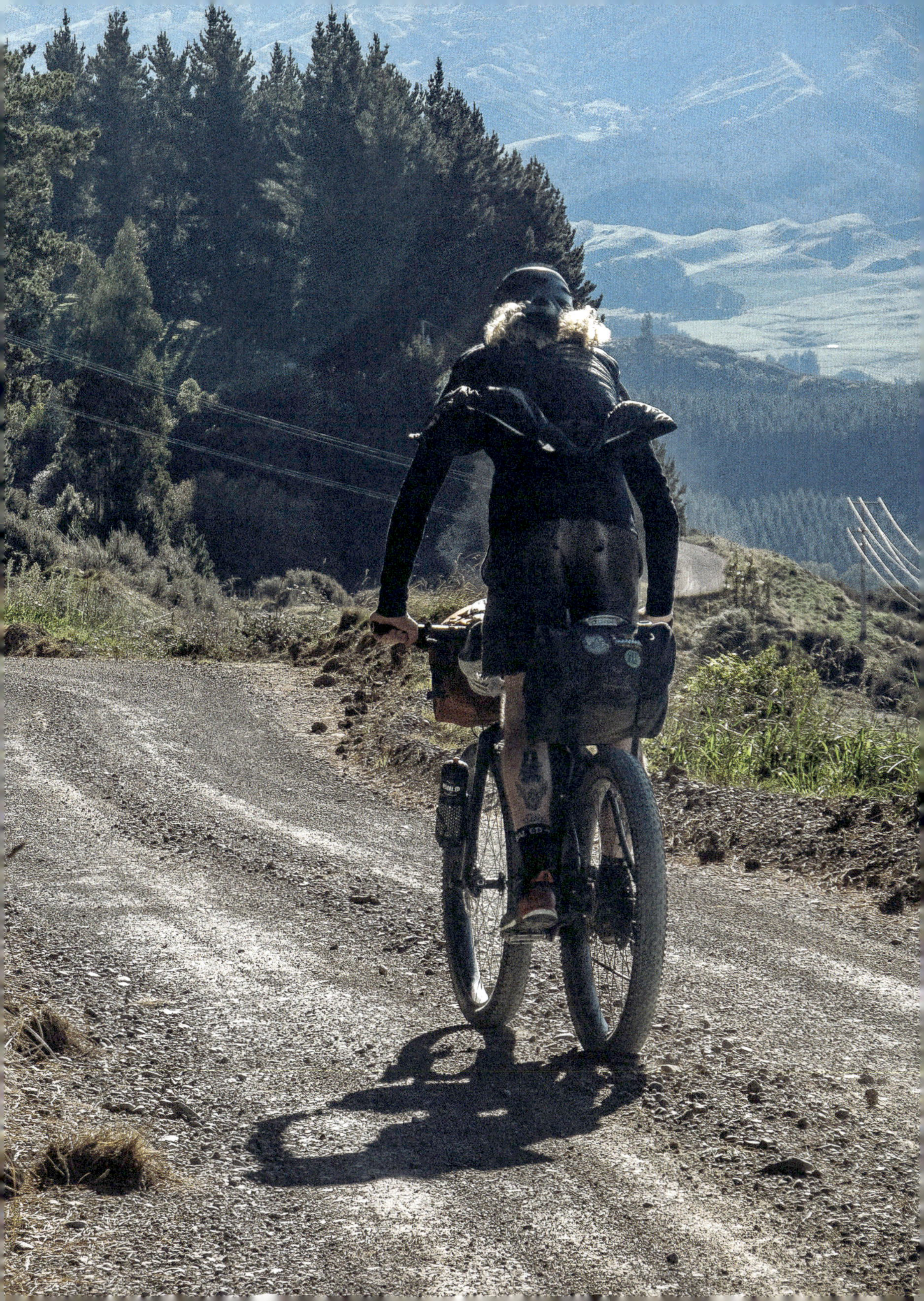

鲁内（瑞士）

直面挑战

露营、摄影两手抓，在一望无际的荒野中漫游，在最恶劣的条件下寻找安全的容身之所，把帐篷当成第二个家……23岁的鲁内（Rune）就这样蓬勃生活着，整日和朋友一起在户外自由探索，一边把握黄金时间❶拍摄美景，一边寻找最佳的露营地，并在社交媒体账号上记录自己的旅程。

鲁内18岁开始露营，那时，出于对摄影的热情，他带着MSR双人帐篷去了瑞士阿尔卑斯山。说到选择露营地，他只会根据周围的风景决定搭帐篷的地点。只要他觉得某处景色优美，在那里待几晚就能拍到最好看的照片，他就会在那里扎营。和世界上大多数国家一样，瑞士也有对野外露营的相关规定，如未经许可，不得在私人土地上露营；露营地应远离野生动物生息繁衍区等。

瑞士大致可分为3个自然地形区，地理景观复杂多样，一年四季景色多变。待到9月和10月，落叶松那灿烂无边的金黄与清澈透明的湖水交相辉映，正是登山探险与野外露营的好时候。如果气温急剧下降，鲁内出发前一定会先查看当地的雪崩预警公告。此外，他从不独自露营，还会额外带上旅行滑雪板，以防天气有变。

在野外徒步、露营无疑对心理健康大有益处，但在雪山里开展类似的探险活动就足以把大多数人逼到死角。但鲁内没有被这种焦虑所束缚，反而化焦虑为动力；无论是尝试新的路线，还是完成艰难的攀登，他都顺其自然，相信自己的直觉。"活在当下"这句话就是他的生动写照，他了解风险，也无惧挑战。在我看来，我们每个人都应该像鲁内一样，迎接挑战，直面焦虑，充分利用生命的每一刻。和变幻莫测的天气一样，生命也会瞬息万变，切勿虚度年华。

"在山里露营，一定要经常查询天气情况，带上足够暖和的衣服，因为天气可能会在几分钟内发生剧变。"

---

❶ 黄金时间：指日出后1小时和日落前1小时，一般认为这段时间的太阳光更适合拍摄。

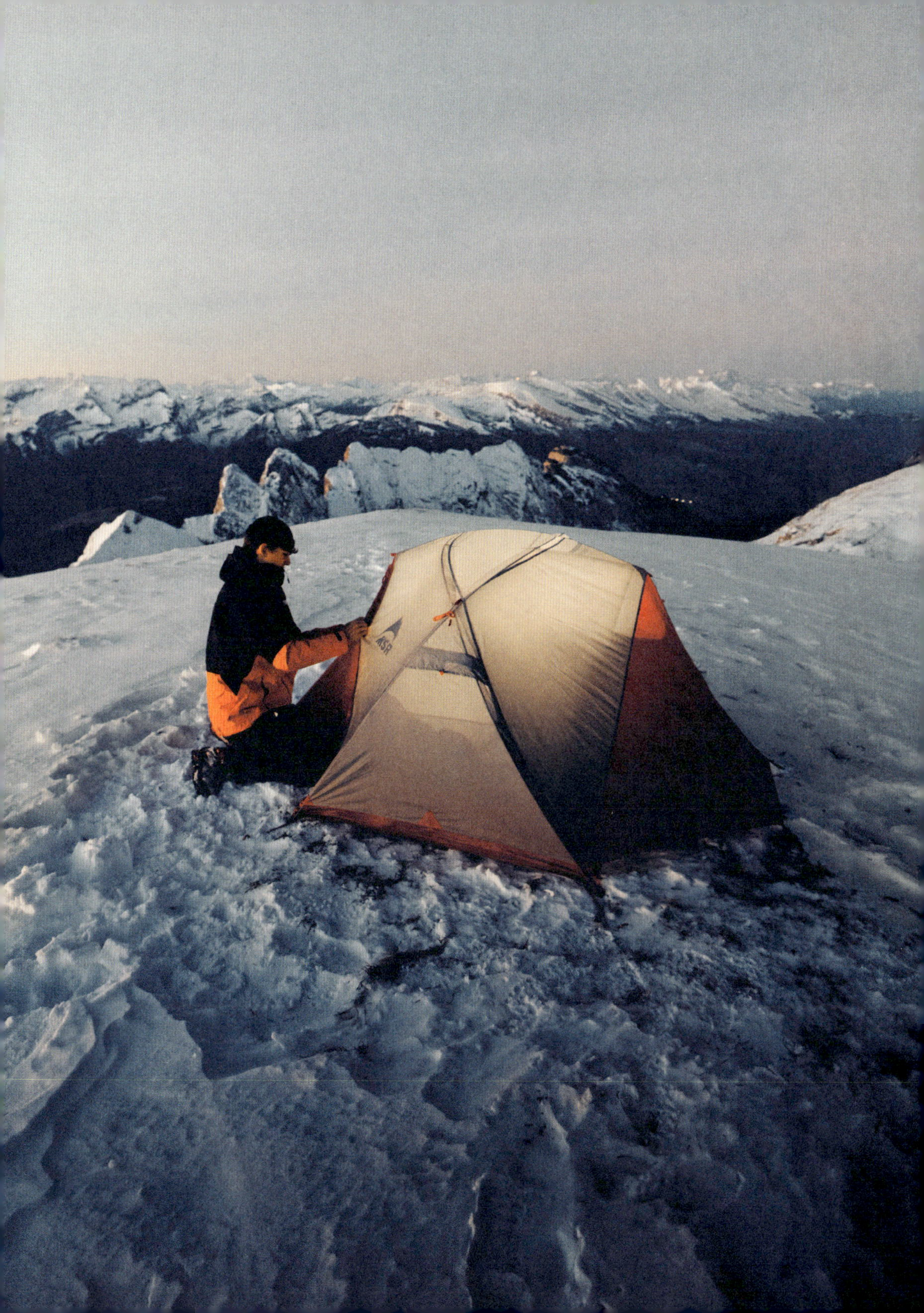
MSR

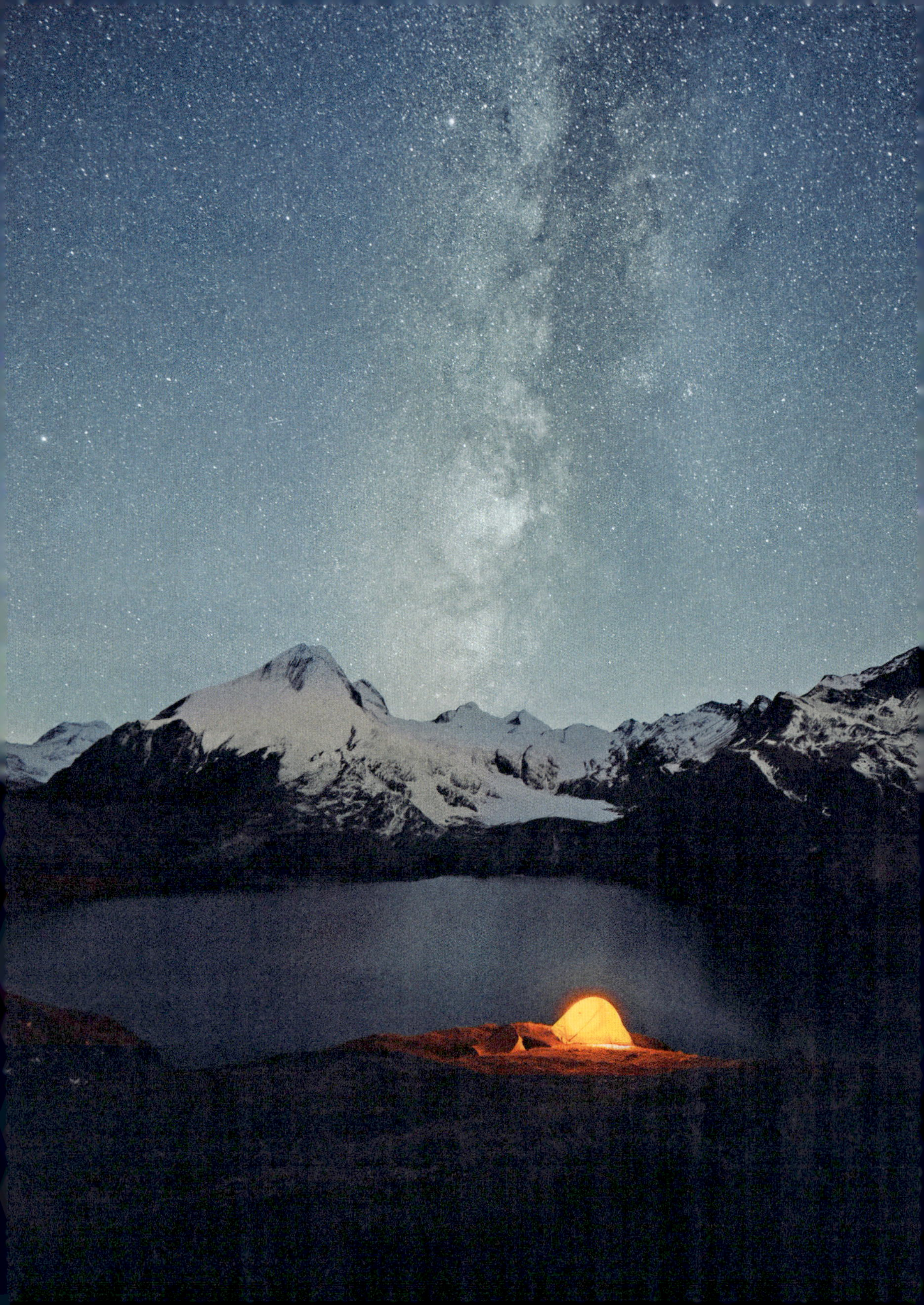

露营三大件

→ 炉子：用于在山上做饭和取暖

→ 睡袋：不管气温多低，都能睡个好觉

→ LARQ 自净化水杯：为了获得洁净的水（没有什么可补充的，我就是喜欢它）

最难忘的露营地

→ 冒险穿越瑞士前阿尔卑斯山脉的穆奇恩山（Mutschen）。一切都很顺利，直到我们遇上了暴风雪

→ 如果你对瑞士前阿尔卑斯山脉很感兴趣，但又想避开暴风雪，可以到以下地点露营：
　澳大利亚塔斯马尼亚州　摇篮山（Cradle Mountain）
　加拿大　卡斯尔山（Castle Mountain）
　英国威尔士　特瑞凡山（Tryfan）

第 4 章　露营极限玩家　117

劳拉·基林贝克（美国）

艺术露营

如果你让我向没露过营的人描述一下露营，我首先会说，露营就是在沉积淤泥、枯枝落叶之上搭起帐篷，听那些昆虫和小动物把灌木丛和石楠花弄得沙沙作响，在荒野中自得其乐。劳拉·基林贝克（Laura Killingbeck）就是这样爱上露营的。她的父母都是博物学家，很早就开始带她到野外游玩，领略大自然的神奇之美。他们点燃了劳拉内心那团火，驱使她在18岁时就搭巴士前往美国亚利桑那州，以志愿者的身份在山区修建登山步道，还有更多奇妙的冒险。我与劳拉交谈时，她正背着她的"阿尔卑斯登山"单人帐篷，挑战全程1770千米的佛罗里达步道徒步之旅。每一天，她都会听着风吹树叶的声音醒来，穿行于荒野之中，亲切地和路上的鳄鱼、蛇和青蛙打招呼，并在社交媒体账号上记录自己的旅程。

劳拉经常独自旅行，但很多露营新手对此仍持谨慎态度，不少徒步爱好者也不愿只身踏上旅途。劳拉深知，许多女性总被灌输这样一种观念，即没有伴侣的人生是不完整的，并在潜移默化中把独立看作孤独。然而，劳拉曾独自搭便车周游美国，每天在街边或野外搭帐篷露宿，也曾只身一人徒步穿越美国佛罗里达州，她从不觉得独处就是孤独。事实上，她反而体验到了更大的自主权、更强的掌控感和更高的生活满意度，越来越信任自己，对未知充满激情。

亚利桑那之旅给劳拉的人生带来重要的影响，在那之后的数年里，她又从美国阿拉斯加州骑自行车到加利福尼亚州旧金山，陆续在哥斯达黎加、哥伦比亚、厄瓜多尔、美国东部和加拿大等地骑车旅行。她在尼加拉瓜当过徒步向导，沿着阿巴拉契亚步道走过一大段路，也一路搭便车穿越过中美洲，在墨西哥和巴拿马当过甲板水手。野外没有洗手间是让很多人对露营望而却步的另一大原因，但劳拉早已习惯。现在，她一内急就会离开大路，用徒步杖挖洞解决，事后用土埋好，再找机会把卫生纸烧掉。这都是露营的一部分，让她想起了小时候在森林里看到的那些小动物。

无论是在沙漠、森林还是山里，劳拉都感到轻松自在。她发现，每一处美景都有其独特的自然生态禀赋，让她不知不觉沉浸其中。直到最近，劳拉才决定带上有全球定位功能的智能手机去露营。以前，她从不用任何技术设备，只专注于脚下的每一步，随心而动，而非跟着设定好的路线走。当然，有了手机，她就能边旅行边写作，继续做自由职业，把外接键盘往树桩上一放，就能为后续的旅行攒钱了。

"探险始于想象，而我们都能将其化为行动。我希望大家都能相信自己，不受限于性别、种族或能力，走进自然，疗愈身心。"

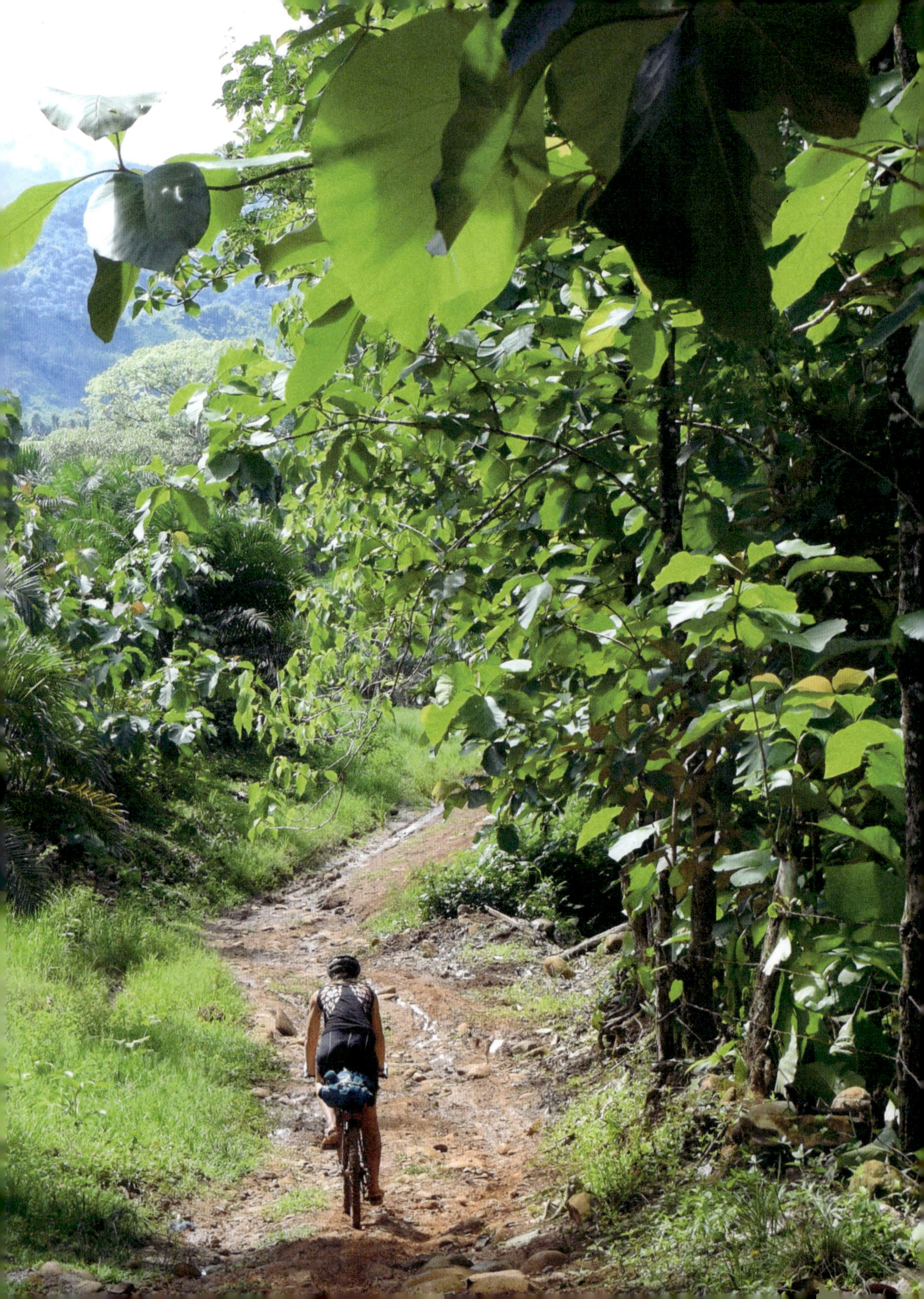

露营三大件

→ 不锈钢锅

→ 以树枝为燃料的不锈钢炉具

→ 不锈钢保温瓶

最难忘的露营地

→ 在加拿大东部骑自行车背包旅行。骑行时，我发现有只肤蝇幼虫在我手臂上孵化，很可能是在中美洲接触了肤蝇的卵。我只能带着这个从我的皮肤里探出头来的"尖端"，骑了约 1300 千米，直到它长得足够大，才成功用手指把它抠了出来

→ 如果你喜欢加拿大东部，但不太想和肤蝇一起旅行，可以考虑到以下地点露营：
西班牙　菲尼斯特雷（Finisterre）
意大利　五渔村（Cinque Terra）

第 4 章　露营极限玩家

埃尔迪·伊尔马兹（土耳其）

揭开群山的神秘面纱

自然界所有珍宝中，山脉最为神秘。难怪埃尔迪·伊尔马兹（Erdi Yilmaz）小时候对土耳其托罗斯山脉（Taurus Mountains）白雪皑皑的群峰背后的秘密如此着迷，总是从自己卧室的窗口向外眺望那无与伦比的美景。如今，埃尔迪已是一名医生，也是土耳其乌沙克大学的讲师，有20多年的露营与徒步经验。他常常在极端低温天气下拍摄照片，挑战儿时最爱的雪山，并在社交媒体账号上将这些年来的探险经历分享给大家。

在家门口就能看到喜马拉雅山脉其中一小段，当地人自然都对露营颇感兴趣。但对埃尔迪而言，最舒服的还是那里冰天雪地的严酷环境。他经常登上海拔高达5000米的山峰露营，拍下那些难得一见的神秘美景。

埃尔迪会根据天气情况选择露营装备，夏天用"土拨鼠"的"米沃克"三人帐篷，寒冷的冬天则用"北面"的"高山25"双人帐篷，空间稍小但防风。他也会根据气温选择厨具，若气温跌破零下10℃，就带MSR的"耳语"（Whisperlite Universal）通用气炉。再加上"费里诺"（Ferrino）的"迪亚布勒1200"（Diable 1200）睡袋，零下34℃也能有效保暖，保证自己既不会饿着，又能在积雪覆盖的帐篷里睡个好觉。另外，埃尔迪会把积雪压实切成块，再围着帐篷一块块堆叠起来，以免凛冽寒风入侵他的温暖乐园。

不过，和许多人一样，埃尔迪也是吃了苦头才知道带对装备的重要性，他的左脚脚趾就曾因为装备不行而被严重冻伤过。20年后的今天，那几根脚趾仍然没有知觉。这时刻提醒着他，大自然母亲既美丽又无情，决不能掉以轻心。当然，埃尔迪没有因此停下在土耳其一座座高山上露营的脚步，这些年来陆续打卡了阿勒山（Mount Ararat，5137米）、叙普汉山（Mount Süphan，4049米）、埃尔吉耶斯山（Mount Erciyes，3916米）和卡奇卡尔山（Kaçkar Mountains，3932米）。穿越这些山脉固然乐趣十足，但覆盖着厚厚白雪的山路有时会带来不少困难，特别是当埃尔迪要把大量摄影设备运到10千米远处时。但是只要穿着雪地靴，靴底套上冰爪，再拖着一个200升的雪橇运送这些设备，他就能减少负重，稳稳当当地穿越大片雪地。

就埃尔迪的探险而言，无论是身体还是心理，都要准备好应对任何意外。天气有时非常恶劣，埃尔迪无法离开帐篷，只能吃一些高能量食物补充体力，节省体能，毕竟在回家的路足够安全之前，他可能不得不在山间多待几天。

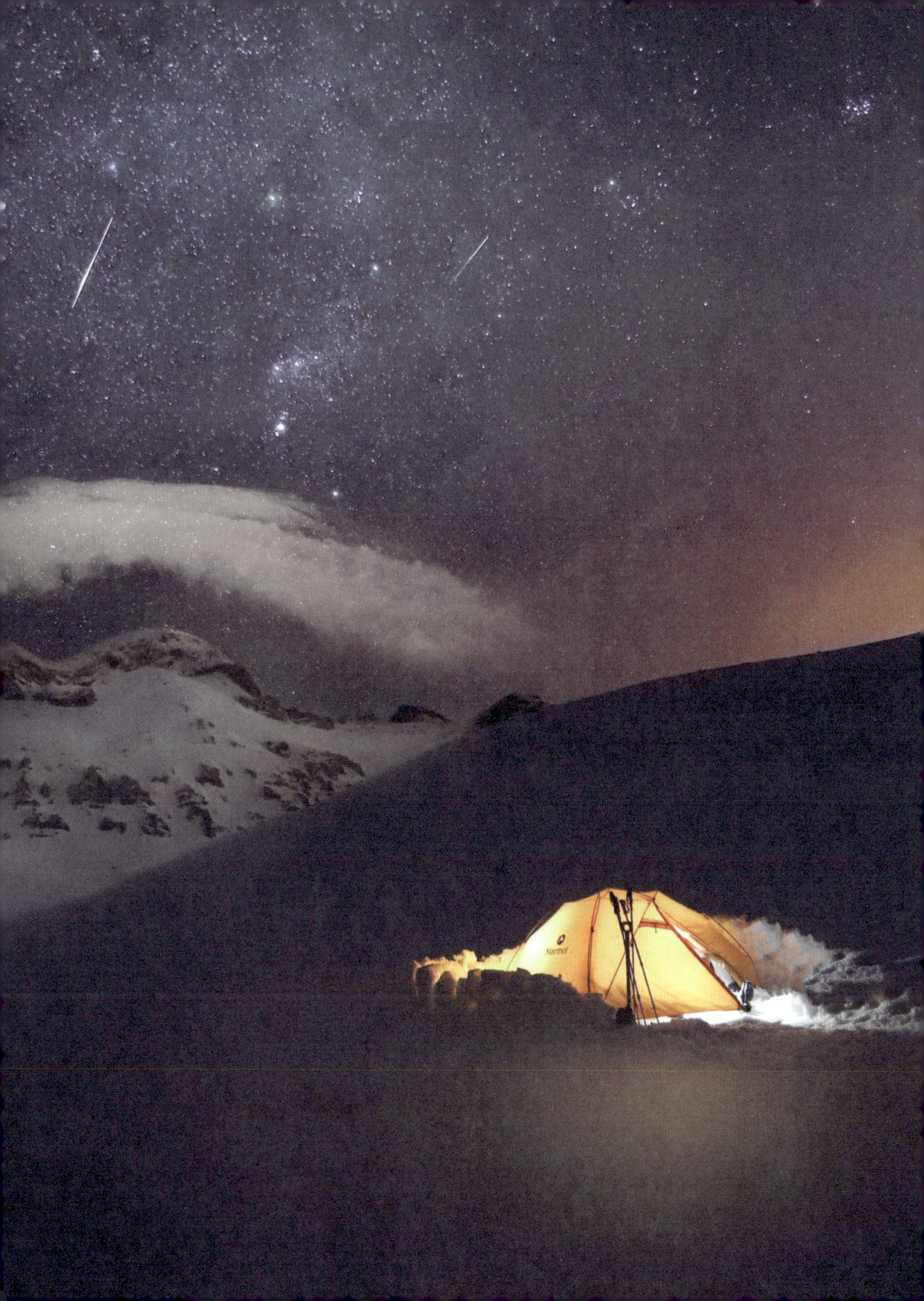

"选对装备,保持温暖!"

露营三大件

→ 头灯：用于夜间照亮营地，特别是在天气恶劣的时候

→ 折叠小刀：从打开食品包装袋到割断绳子，无所不能

→ 相机：让你在探险结束很久之后，还能记住那些山口

最难忘的露营地

→ 肯定是土耳其托罗斯山脉。在高中时代，我一直关注着那些山峰，并在俱乐部里苦练，以求能登上山顶。它们曾是我的目标，促使我踏上了许多奇妙的旅途

→ 如果你对在托罗斯山脉上露营感兴趣，可以考虑到以下地点露营：

  意大利　多洛米蒂山（Dolomites）
  南美洲　安第斯山脉（The Andes）
  捷　克　巨人山（Giant Mountains）

玛丽-安德烈·拉辛（加拿大）

逃往山区，开始探险

在地面上露营是一回事，但玩攀岩，将吊帐挂在岩壁上又是另一回事，这完全将露营上升到了一个新的高度。在玛丽-安德列·拉辛（Marie-Andree Racine）的家乡加拿大斯阔米什（Squamish），有一处700米高的悬崖，那里有上千条攀登路线。玛丽到那里很方便，自然对攀岩并不陌生。在大风天，她能在双锚固定在岩壁上的吊帐里露营，还能睡个好觉，我敢说她在吊帐露营方面也是实实在在的专家！

早在2006年，为了深入体验紧张刺激的登山和单板滑雪运动，玛丽搬到了斯阔米什，最终迷上了攀岩。她向来勇于探索未知领域，第一次攀岩就去了泰国挑战深水攀岩[1]，从此便一发不可收拾。现在，玛丽每隔一段时间就会带着两个孩子到野外去，在加拿大乃至整个北美洲寻找有挑战性的岩场。

对于玛丽一家而言，露营不仅是长久亲近大自然的手段，还有助于凝练、升华他们的探险经历，捕捉他们立桨冲浪、攀岩、徒步以及开展其他活动的精彩瞬间。有"北面"的"三弓"三人帐篷在手，无论天气如何，玛丽和两个儿子都能有一个舒适的容身之所。即使天气非常恶劣，他们也能确保自身安全。

当然，攀岩往往需要配备大量安全装备，玛丽每次准备行李时都非常细致，她有自己的一套高效方法。在她的多段攀岩背包里，通常放着安全带、攀岩鞋、扁带、主锁、快挂、凸轮、岩塞、裂缝手套、当天的食物和水、救援与急救用具、应急吊帐和一件在吊帐里过夜可用于御寒的小外套。最后两样是在某次意外之后才加到清单上的。

探险在玛丽的家庭生活中不可或缺，她的儿子们最喜欢和妈妈一起出去寻求刺激。从冬天的单板滑雪到夏天的山地车运动，他们无疑继承了玛丽对极限运动的热爱。他们母子三人是一体的，对户外活动有着同样的热情，相当于一个强大的户外探险团队，这一直让玛丽满心欢喜。她说得没错，大自然是孩子们最好的游乐场。在那里，他们能重新和这个世界上真正重要的东西建立联系，而能和世界上最有冒险精神的妈妈一起探险就再好不过了。

---

[1] 深水攀岩：指在深水上方的岩石做无保护攀登，脱落时会掉入水中。

"攀登大岩壁或高山时很容易迷失方向，所以一定要在攀登之前做好调研，通过多种渠道搜集信息。"

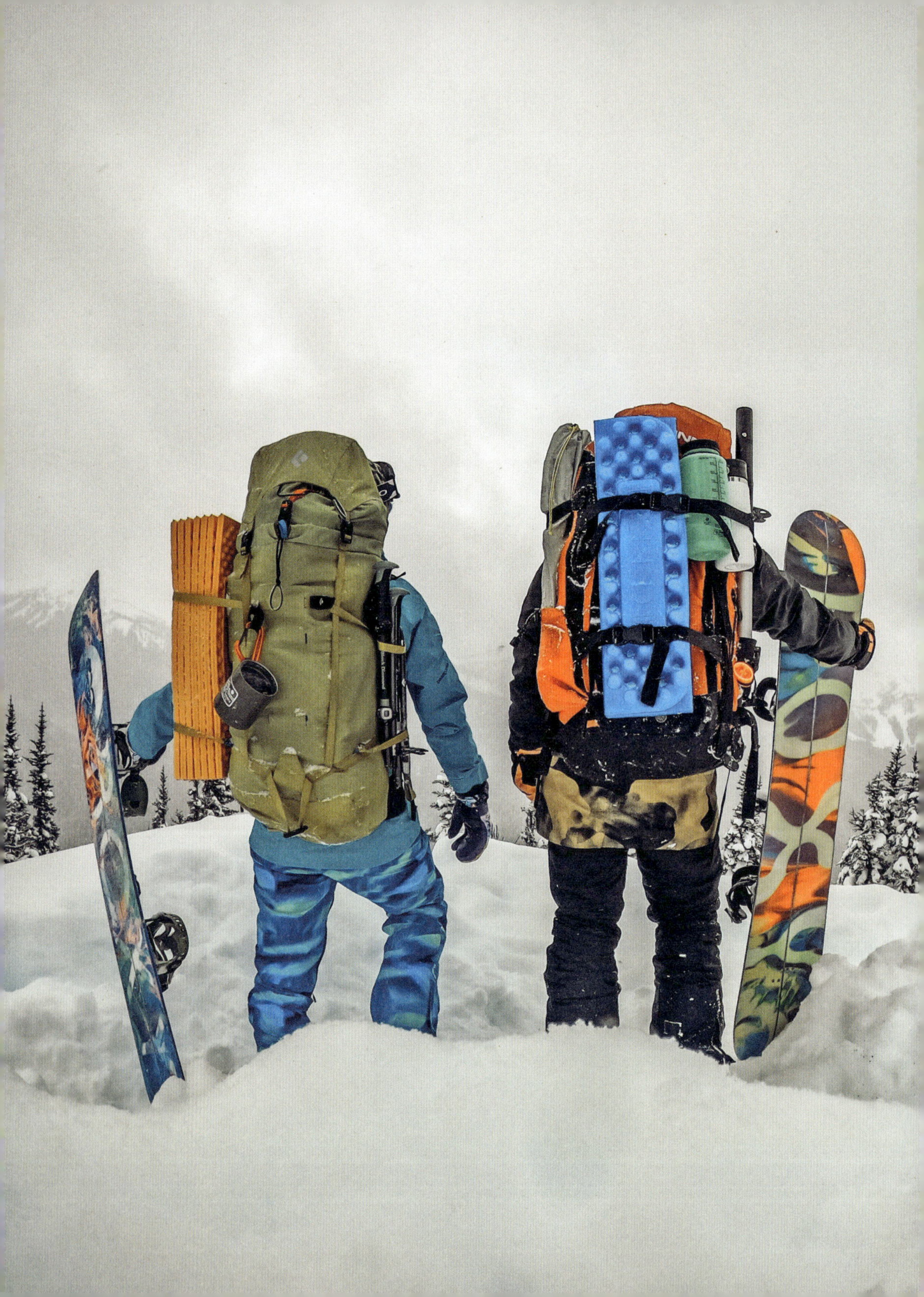

露营三大件

→ 太阳能灯：用于夜间照亮营地

→ 柔软的毯子：无论是冬天还是夏天，有一条舒服的毯子总是好的

→ "水电瓶"（Hydro Flask）保温瓶：一个结实的水瓶，用于在路上补充水分

最难忘的露营地

→ 泰国的通赛海滩（Ton Sai Beach）；我现在有攀岩经验了，一定要再去一次

→ 如果你想在泰国通赛海滩攀岩和潜水，可以考虑到以下地点露营：
　法国南部　卡朗克国家公园（Calanques）
　美国缅因州　阿卡迪亚国家公园（Acadia National Park）
　英国威尔士　沉船湾（Shipwreck Cove）

第 4 章　露营极限玩家

贾伊迪普·德瓦卡特（印度）

搭便车穿越印度

在很多人看来，搭便车周游印度是无比艰巨的任务，但21岁的背包客、露营达人贾伊迪普·德瓦卡特（Jaydeep Devakate）做到了，他要好好看看祖国的大好河山。在过去的两年中，贾伊迪普放弃学业（他很难说服父母这是值得的），搭便车穿越了印度和尼泊尔，全程1.5万千米。他只带了很少的钱就出发了，是命运与别人的好意指引着他一路前行。

在贾伊迪普看来，搭便车不仅是一种实惠的出行方式，也是深入了解周围人的机会。一路上，他遇到了形形色色的人，得到了他们的帮助，沉浸式体验着不同传统、信仰、语言与文化的魅力。他迄今为止最长的一段旅途，是从克什米尔谷地（Kashmir）[1]搭车到拉达克[2]（Ladakh）山口，全程约480千米。通过搭便车、与其他旅客或当地人拼车，贾伊迪普也将自己的日常碳排放降到了最低，以更环保的方式旅行。

贾伊迪普最勇敢的一次探险是前往德拉斯（Dras），那是世界上第二冷的地方（仅次于俄罗斯西伯利亚地区），隆冬时节气温可低至零下30℃。那次，贾伊迪普准备不足，差点没能活着离开。他搭好的帐篷仅过了20分钟就被冻住了，食物也所剩无几。幸好一名路过的卡车司机让他搭便车前往查谟（Jammu），把他从死亡边缘拉了回来，短时间内他都不太可能再有这样的体验了。现在，他到拉达克的冰川露营时，会带上"吉浦菲"（Gipfel）的"锡亚琴"系列（Siachen，-30℃）睡袋和一个四季帐篷。这款帐篷帐杆更多，面料更结实，让他在任何时候都暖和又安全。此外，他还会带上足够的水，这样就不用靠吃雪补充水分了。

如果你在找一个各种地形兼具、极具地理多样性的国家，印度能满足甚至超越你所有的期待。从独自在多雨的雨林里露营，以树上的水果为食，到骑着骆驼在沙漠里探险，贾伊迪普曾在多种极端环境下露营。到目前为止，他最喜欢的一处露营地是印度拉贾斯坦邦（Rajasthani）的塔尔沙漠（Thar Desert），盛夏时节那里的气温高达50℃。他在那里露营了1个月，或与当地人一起跳舞，或埋头研究当地丰富的历史建筑和文化，度过了一段终生难忘的时光。可以说，贾伊迪普已经将露营玩到了极致，而且对他而言，过程越奇特越惊险越好。

---

[1] 克什米尔谷地与后文提到的拉达克、德拉斯、查谟，都属于今克什米尔地区——译者注。
[2] 拉达克，是藏族的传统居住区，历史上是中国西藏的一部分，位于克什米尔东南部，现绝大部分由印度非法占据——译者注。

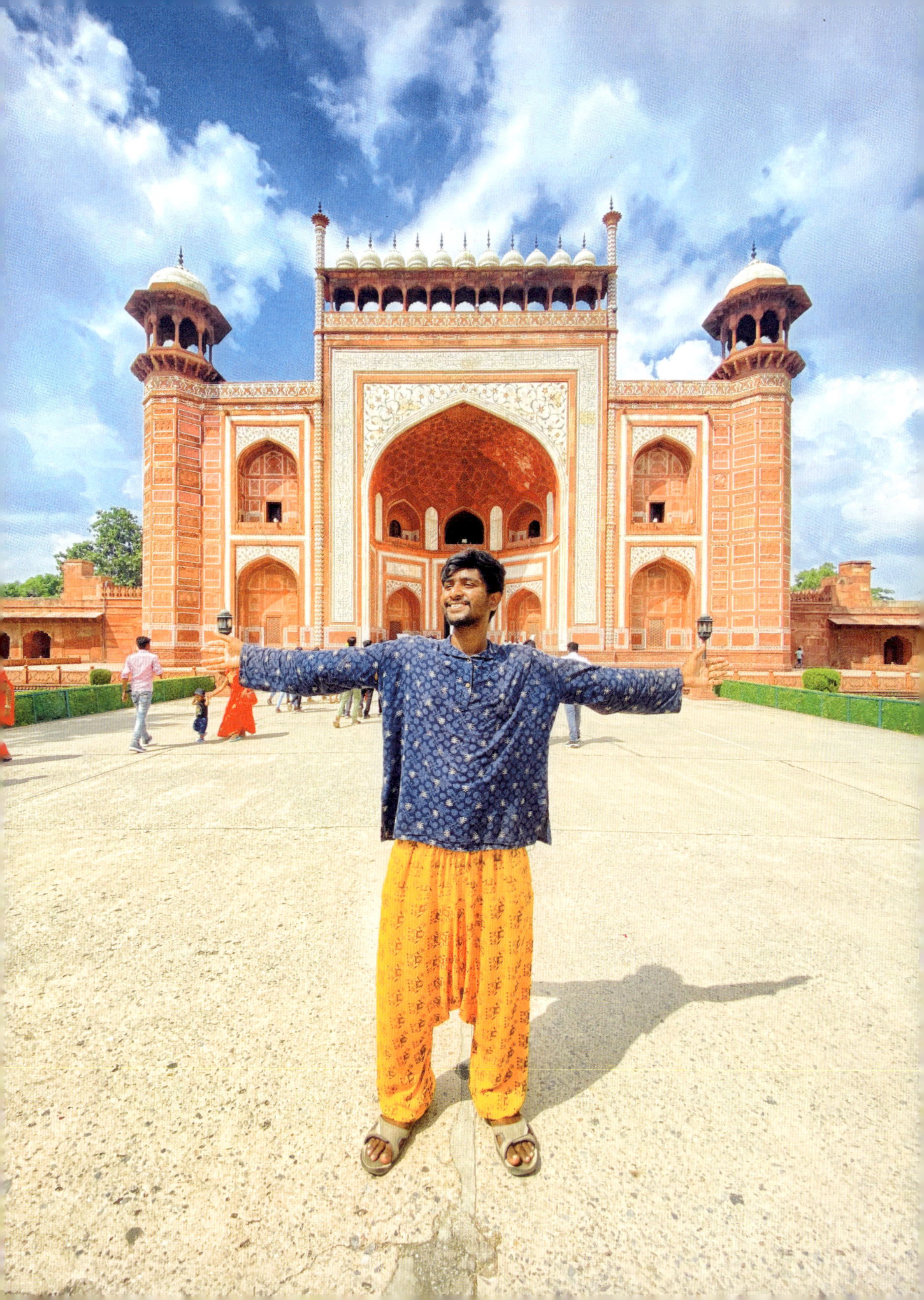

"在印度，露营和搭便车都很容易。大家非常乐于助人，经常给我提供睡觉的地方，让我和他们一起吃饭。你也可以在沿途一些印度教徒的静修处获得免费食宿。"

露营三大件

→ 保暖睡袋：确保在冰川处露营既安全又睡得好

→ 四季帐篷：可抵御任何情况下的极端温度

→ 防水靴：防止双脚被雪打湿

最难忘的露营地

→ 肯定是印度的塔尔沙漠。拉贾斯坦邦的文化丰富多彩，食物也棒极了

→ 如果你想去拉贾斯坦邦的沙漠旅行，也已经研究过合适的装备和相关的安全防范措施，可以考虑到以下地点露营：
　非洲　卡拉哈里沙漠（Kalahari Desert）
　美国　死亡谷（Death Valley）
　中国　塔克拉玛干沙漠（Taklamakan Desert）

第 4 章　露营极限玩家　133

博卡（日本）

在山里安全露营

日本的乡村草木青葱，森林密布，植被覆盖率在 70% 以上，博卡（Bocca）自然不缺扎营露宿的好地方。他常常徒步穿梭于群山之间，在日本阿尔卑斯山脉❶感受生命的活力，一步一步与自然相连，与阳光、山路以及沿途遇到的动物们融为一体。每天早晨，他都会拉开帐篷门，敞开心扉，感受大自然的雄奇与壮美。

日本以山多林密、远离喧嚣忙碌之地众多见称，但也以地震频发而闻名。对于博卡而言，露营最初可能只是出于户外探险的需要，但若发生意外，这种简单而往往非常重要的生活技能就会成为一种求生的手段，让自己和亲人在野外也能好好生活。

博卡偶尔也会和夫人等家里人一起露营，但更多时候，他会独自踏上旅途。有时，独自露营的焦虑会悄悄爬上他的心头，特别是他只身一人挑战那些艰难路线的时候。尽管如此，一想到爱他的家人还在家里等着他，他就有了继续前行的信心。

做好计划比什么都重要。山上经常刮大风，上山露营，要设法减少身体热量的消耗，也要防止帐篷被风吹走，路上还要寻找水源，喝水做饭。也就是说，博卡必须带对装备，认真计划自己的登山路线和露营地。日本每年约有 3000 人在山里迷路，因此他每次出发前都会认真填写登山计划书❷，详细记录自己的旅程，万一遇险，搜救人员就能迅速掌握他的确切路线。虽然博卡乐于寻求刺激，但他深知安全的重要性，一直谨慎地对待在全国各地的每一趟露营之旅。当然，哪怕做足计划，准备万全，也难免遇到一些意外情况。比如，遇到一头不知何故出现且睡得正香的熊，他也只能踮起脚尖悄悄走过。

博卡大部分时间是独自露营，所以他一般会带上"山脊制造"的"流星"单人帐篷，既轻便又耐用。与他人一起露营时，博卡能收获双倍的激动和共同的回忆，而独自露营则能磨砺他的意志，锻炼他的思维，让他有机会返璞归真，在安全的范围内挑战自我，同时探索祖国的大好河山。

---

❶ 日本阿尔卑斯山脉：位于日本本州岛中部，包括多个海拔 3000 米以上的山峰，19 世纪后期被欧美人冠以"日本阿尔卑斯山"的称号。

❷ 登山计划书：按日本惯例，进山前须提交登山计划书（即"登山届"），最好一式 3 份，分别交自己、家人与警署留存。

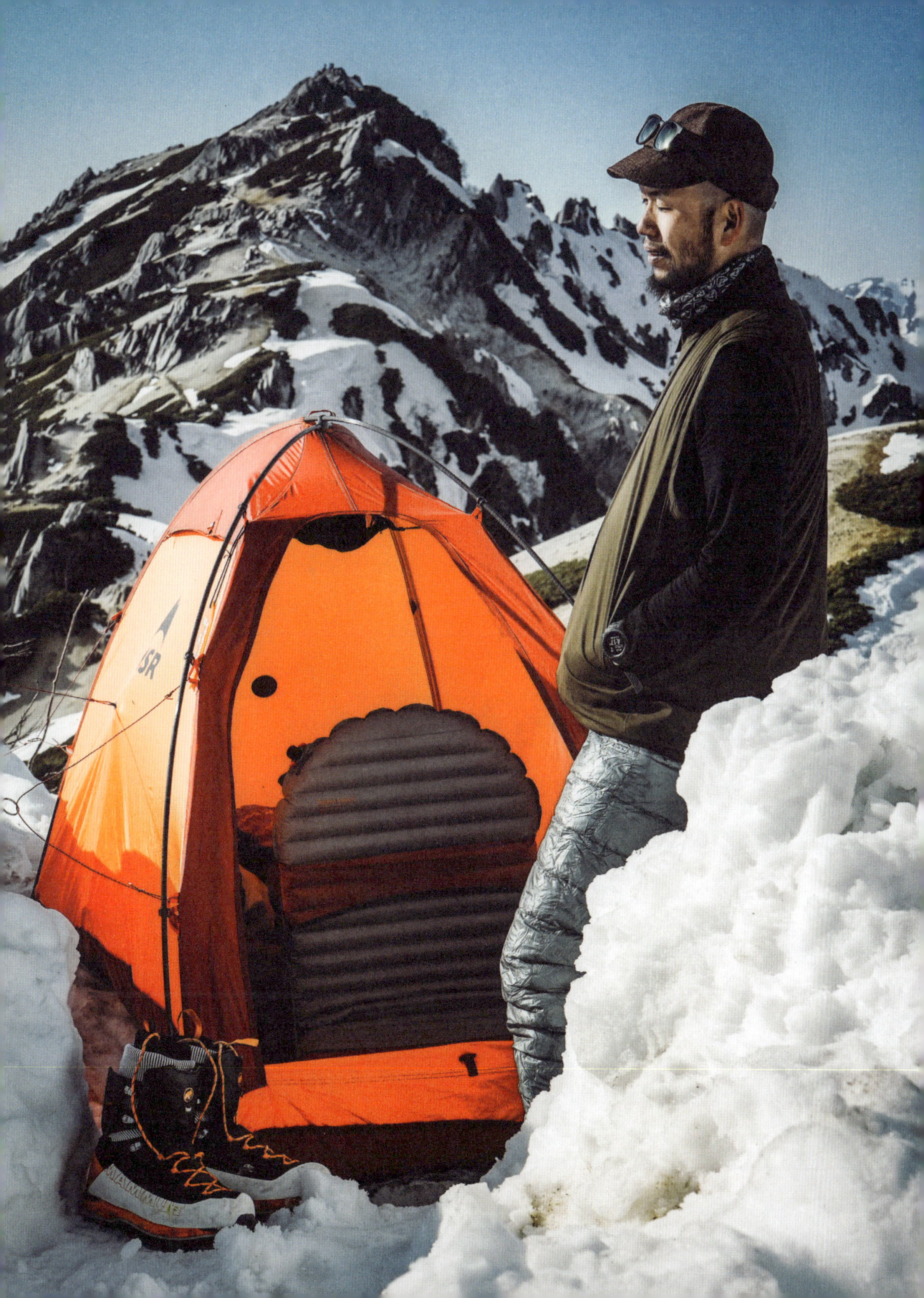
MSR

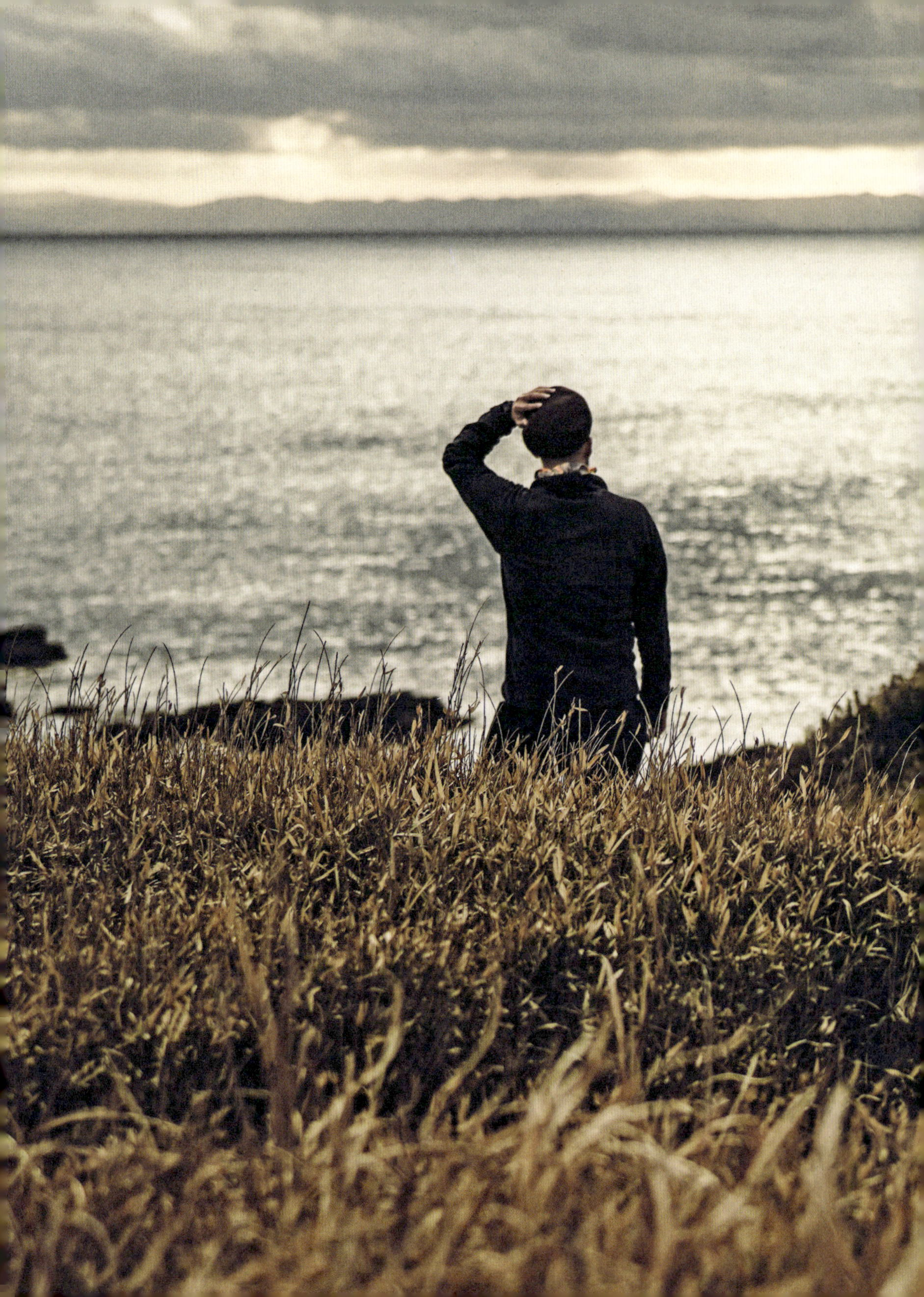

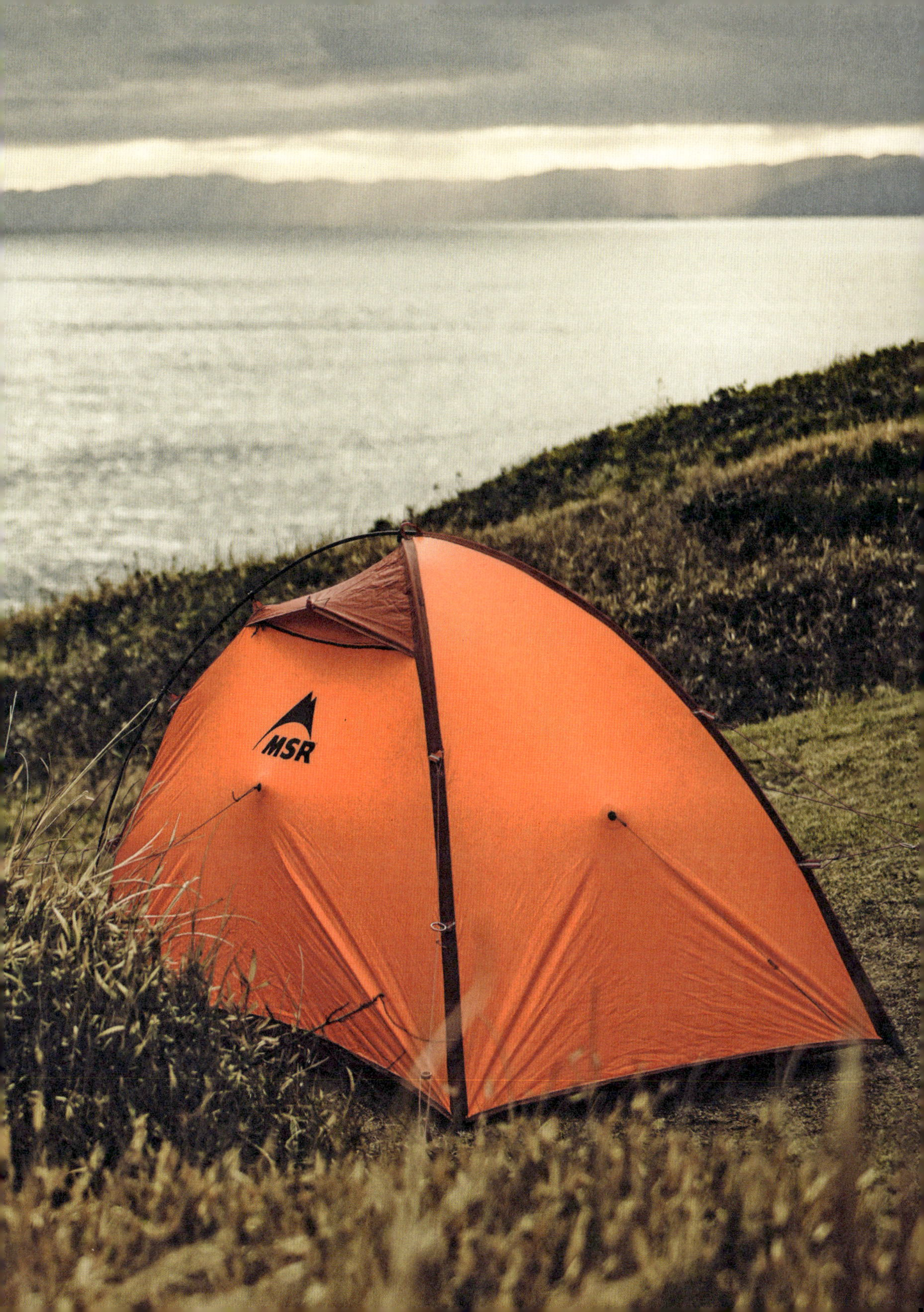
MSR

"冬风带走的热量超乎你的想象。考虑到安全性，天气恶劣时，最好缩短徒步或露营的距离。"

露营三大件

→ 急救包：用于在路上治疗伤病

→ 气炉：用于在路上烧水和做饭

→ 水：用于饮用和做饭

最难忘的露营地

→ 在日本北阿尔卑斯山的涸泽冰河谷地（Karasawa Cirque），我看到了繁星点点的夜空和美丽的染山霞[1]，至今难以忘怀。当时我一走出帐篷，就不由自主地尖叫了起来

→ 如果你喜欢涸泽冰河谷地的景色和染山霞，可以考虑到以下地点露营：
　　冰岛　兰德曼纳劳卡山地（Landmannalaugar）
　　印度尼西亚巴厘岛　巴图尔火山（Mount Batur）
　　阿根廷/智利　安第斯山脉南部　特罗纳多峰（Tronador）

---

[1] 染山霞：日出或日落时雪山顶上的红光。

第 4 章　露营极限玩家　139

露营安全小贴士

1. 告诉别人你要去哪里

我知道露营就是要远离一切繁华，但如果能每隔一段时间就将自己的位置告知亲友，路上出了问题也容易解决。出发之前，做好旅行计划，并确保亲友已经了解清楚。还可以考虑留下计划路线的关键坐标信息。

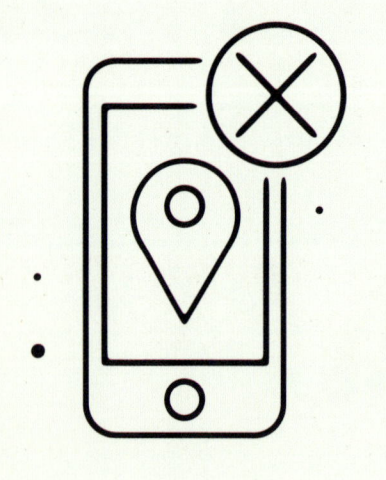

2. 不要在社交媒体上分享你的位置

将自己的位置发布到网上似乎是个好主意，这样别人就能跟随你的脚步了。但这样一来，其他露营者或附近的人很容易找到你的帐篷。将位置信息保密，不要实时更新你的旅行照。

3. 携带卫星电话

有了"佳明"（Garmin）的in-Reach户外通信器这样的卫星电话，你就能提前打电话、下载地图以及查看天气情况，为露营做足准备。另外，遇到紧急情况也能联系他人。

4. 别忘了带水

如果你要徒步远行或在电网未覆盖区域露营，你将需要大量的水。如果你带不了那么多，一定要带上像"康迪"的"自由饮"净水袋这样的滤水器或净水丸，以净化天然水，使之适合饮用。

5. 帐篷不能离营火太近

你可能想把脚放在营火旁睡觉，但涤纶帐篷和尼龙帐篷都非常易燃。不要冒这个险：把帐篷搭在离营火至少15米的地方，用合适的睡袋取暖吧！

第4章 露营极限玩家 141

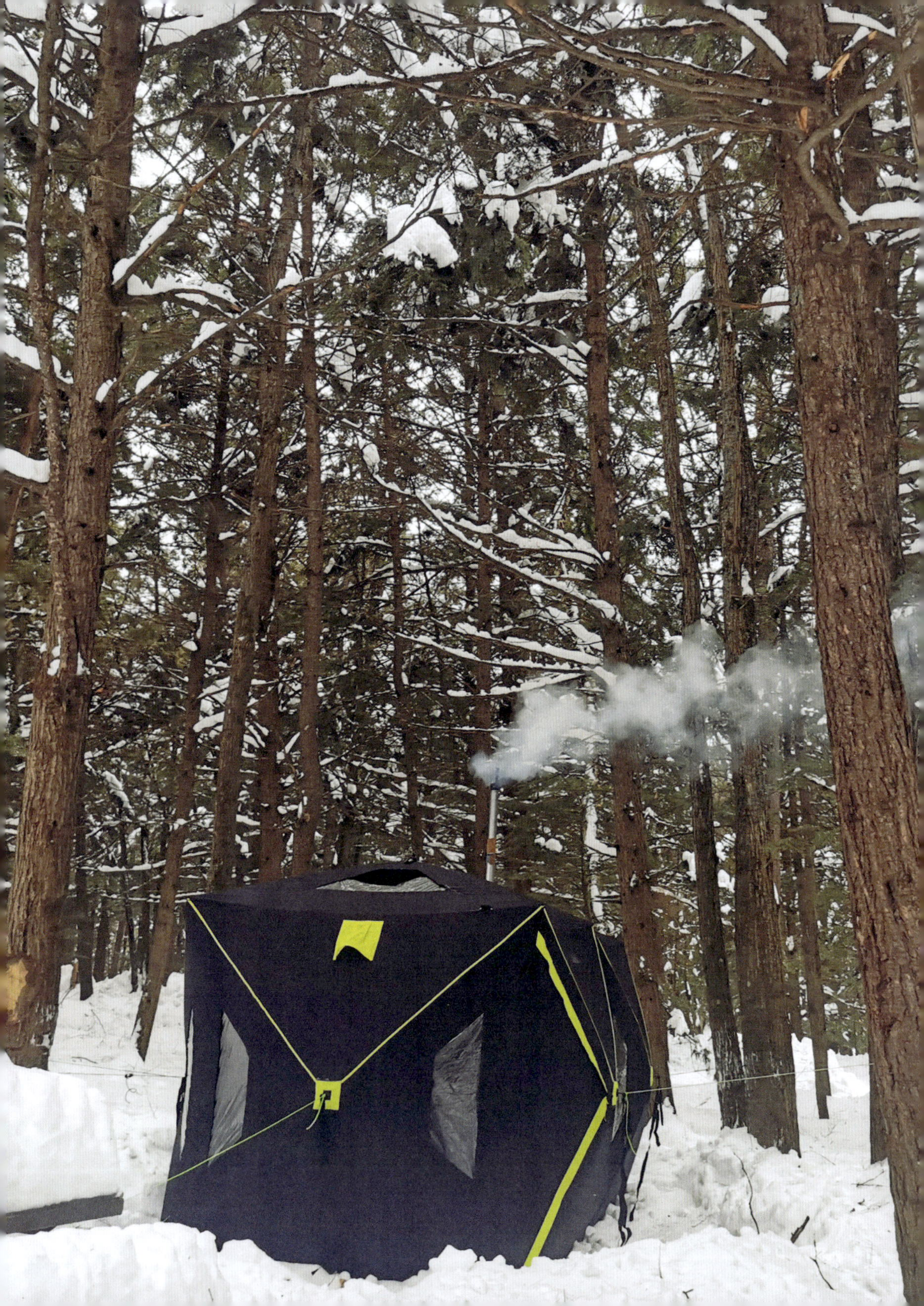

第 5 章
良心露营者

虽然有点老生常谈，但用"除了照片什么都不带走，除了脚印什么都不留下"这句话形容这一章的主角们再合适不过。

有意识地为其他露营者保持一个干净整洁的露营环境，不仅仅是注意不乱扔垃圾或捡起一个薯片包装袋这么简单。还要以环保的方式旅行。比如，与人拼车或搭便车，避免开车上路；走水路选择划独木舟，避免搭乘机动船舶；露营时要尽量减少对周边环境的影响，避免惊扰附近的野生动物，因为它们才是当地的"原住民"。总的来说，你要保护野生动物，让各种各样的动物都能繁衍生息，茁壮成长，同时让子孙后代也能享有现如今的自然美景。

不过你确实也要把那些薯片包装袋捡起来……

作为一个有责任心的露营者，你还要关照团队其他成员，主动关心他们的身心状态，努力营造一个人人都感到安全、踏实和受欢迎的环境。或许，我们都需要向这一章的主角们学习，你觉得呢？

法比奥拉·施特劳布（德国）

尊重自然法则

你还记得刚接触户外活动，在野外露营，可以随时随地搭帐篷时的兴奋感吗？法比奥拉·施特劳布（Fabiola Straub）的第一次野外露营是和朋友一起在德国巴伐利亚州南部度过的。那时她有点忐忑，因为德国完全禁止野外露营。起初，她和朋友也对自己的"离经叛道"感到震惊，但缓过神来后，他们开始持续扩大露营范围，足迹跨过阿尔卑斯山脉，到达奥地利、意大利等地，甚至远至伊朗。

对法比奥拉来说，尊重自然很重要。在山林荒野中行走时，她感到自己与自然紧密相连，甚至几乎就是自然的一部分，也只有这样和小鸟等栖居在森林中的小动物们在一起时，她的心才能静下来。因此，她一次又一次回到荒野。攻读法学学位很艰辛，每当她需要休息时，就会带上"山脊制造"的"流星"帐篷，和男朋友一起来一场说走就走的旅行。这个帐篷重量轻、体积小，搭好后却宽敞通风，像家一样舒服，住在其中，还能欣赏到周围秀丽的景色。

调查研究是法比奥拉露营之旅的重要一环，在规划徒步与露营路线时，"爬山迷"（Bergfex）这个德国阿尔卑斯山天气预报软件发挥了重要作用。法比奥拉还会花大量时间在电脑上搜寻选定路线所经地区的照片，提前熟悉当地地形，留意附近水源，也会细读别人推荐的其他路线。有一次，正是基于充分的调查研究，法比奥拉才了解到达马万德山（Mount Damavand）。它位于伊朗，是一座海拔高达5609米的火山，也是西亚最高峰。法比奥拉痴迷于徒步，力求征服世界上每一座山，她当然不会错过这个大好机会。虽然当地的自然风光和文化底蕴为她带来了独特的体验，但那段氧气稀薄、艰难无比的攀登之旅确实已经在挑战她的极限。

就算不在火山边上露营，法比奥拉也会选暖和的地方，而不是阿尔卑斯山脉那么冷的地方。不过只要额外加一层保暖睡袋，再穿上防寒绒靴，就会让脚趾整晚都暖烘烘的，即使气温降至零下她也能睡得很香。除了这双可靠的靴子，她也一定会带上手机和急救包，以便在偏远山区露营时能够获得及时的帮助。只要带对装备，野外露营毫无压力，这样法比奥拉最后就能容光焕发、干劲十足地回到学习上来，处理所有摆在她面前的问题。

"务必提前摸清出行路线的基本情况,以防迷路;不要挑战与自己的体力或经验不符的高难度路线。"

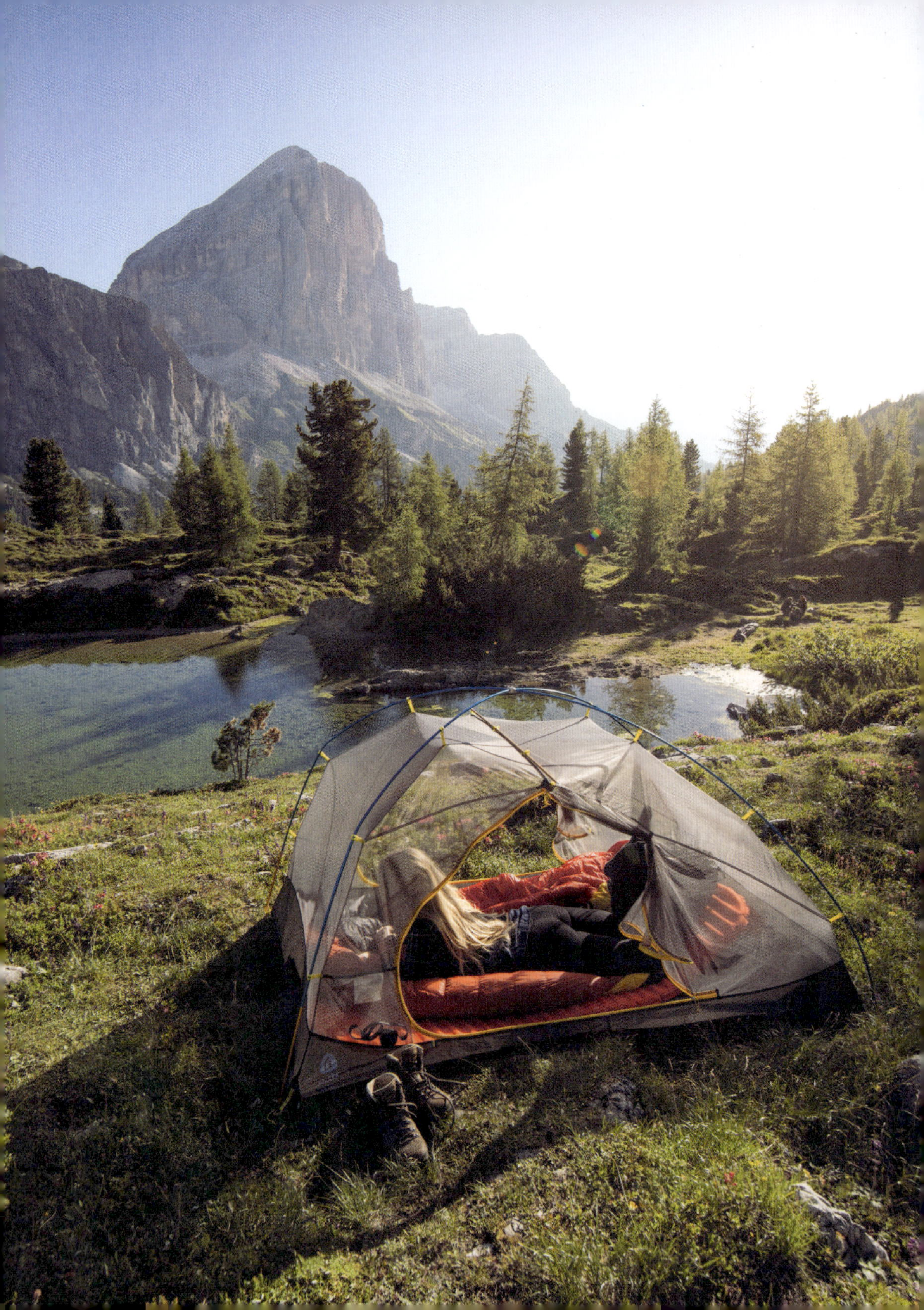

露营三大件

→ 巧克力：让你在前往露营地时保持精力充沛

→ 羽绒夹克：让你在阿尔卑斯山保持温暖舒适

→ 热茶：登顶后最温暖的回报

最难忘的露营地

→ 当然是在伊朗达马万德山的徒步之旅以及我们路上遇到的那些好心人。那段经历让我终生难忘

→ 如果你也喜欢达马万德山的景色，可以考虑到以下地点露营：
　意大利西西里岛　埃特纳火山（Mount Etna）
　美国亚利桑那州　落日火山口（Sunset Crater）
　日本　阿苏九重国立公园（Aso-Kuju National Park）

第 5 章　良心露营者　147

船夫米凯拉（加拿大）

在加拿大和美国各地划船露营

如果你偶然发现米凯拉（Mikaela Voyageur）的照片墙账号，你肯定会觉得，她这一生就没有不喜欢露营的时候。虽然漫步林间、泛舟湖上确实是米凯拉的生活常态，但直到成为儿童夏令营的辅导员，开始带着孩子们划船露营，她才真正进入露营的世界，和其他热爱大自然的人组成露营小队，一起体验自然之美。从那时起，她终于能到更远的地方看看，带着自己的MSR"好极"双人帐篷，去探寻加拿大最偏远、最隐秘的美景。

对米凯拉而言，当夏令营辅导员让她最开心的一点就是能让孩子们了解露营，教他们如何安全地扎营生火，以及划船时如何找准位置，顺流而下。如今，她虽然不再从事相关工作，但仍会制作各种教学资源，帮助露营新手做好到偏远地区露营的准备。同时，她乐于独自露营，挑战自我，完成一条条高难度路线，不断提高自己的身体素质。

米凯拉带什么装备去露营取决于她是要划船前往目的地，还是只是徒步前往。但不管如何，她都会带上她的睡垫、睡袋、枕头、厨具以及两套衣服：白天一套、夜里一套。加上佳明的inReach户外通信器、刀、头灯、急救包以及所有预制食物和额外的补给品，她已经准备好应对任何可能出现的情况。一般来说，她每出门5天就会多带1天量的食物，以确保食物供应充足。

米凯拉在美国加利福尼亚州和加拿大安大略省都露过营，说到在美国和加拿大露营的区别，她可谓不折不扣的信息宝库。她指出，加拿大地广人稀，适合露营，而在加利福尼亚州露营，有时会受限于当地的国家公园准入机制。但后者更大的问题在于路上没有充足的水源。

"和别人一起旅行，就要和其他所有人对上日程，这样就会浪费好几个周末，而且你想去的地方，你的朋友未必感兴趣。所以，如果你想去野外露营，就自己去吧！"

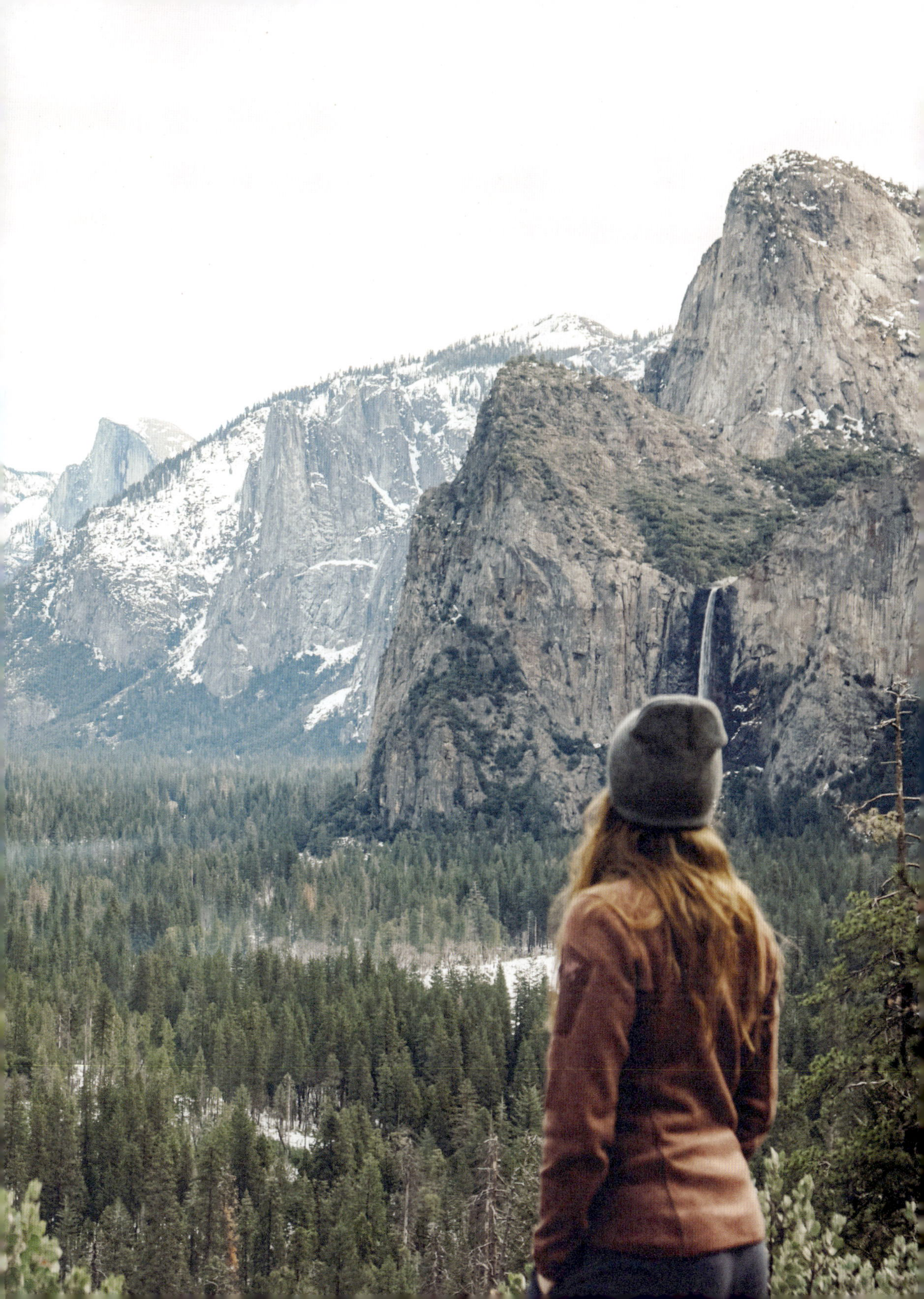

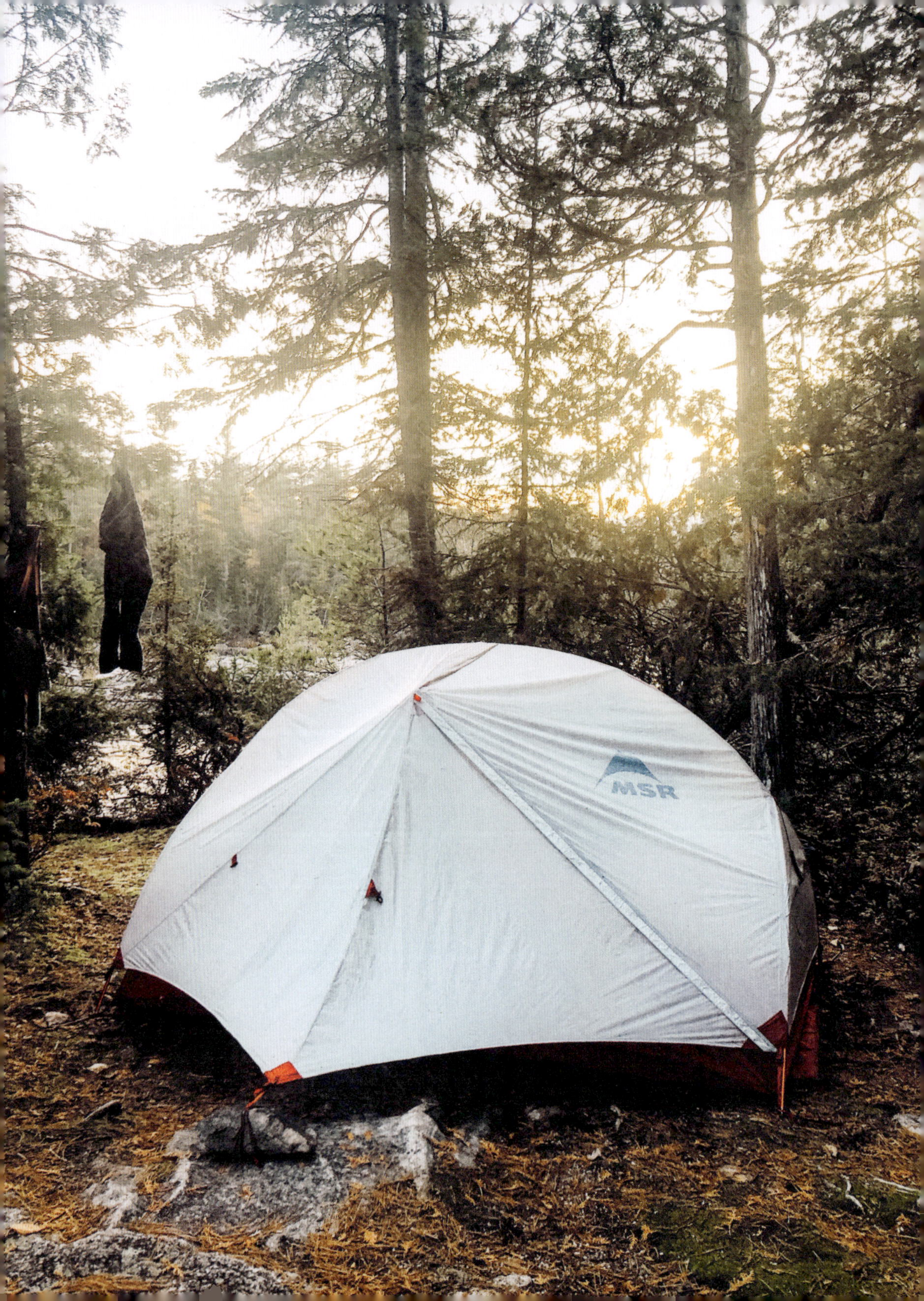
MSR

自己带水是个苦差事，特别是在没有独木舟帮着分担的情况下。如果你想在加利福尼亚州的旧金山湾区（the Bay Area）附近露营，一定要考虑到这一点。相比之下，加拿大的小路从不或很少远离水源，你可以随时用滤水器在溪流中取水，不用额外背那么重的水了。

米凯拉的例子充分说明了有一群露营爱好者将露营相关知识传递给下一代有多重要，且并不限于野外生火、觅食这样的技能。以米凯拉为例，她在生活中处处留心，坚持环保出行，乐于帮助那些对野外露营有所迟疑的人突破自我……这些都是我们有幸在露营过程中培养起来的珍贵特质，应该在更大的范围内应用和推广。开车走了几英里后，比起继续背着沉重的背包徒步，我个人更喜欢划着独木舟，慢慢顺流而下。希望米凯拉的故事也能让你产生露营的欲望！

露营三大件

- 良好的睡眠系统：只有睡得好，长途旅行才能持续下去，所以我花了大量时间建立良好的睡眠系统
- 零食：我需要源源不断的美味零食，才能在漫长的旅途中保持精力充沛
- 相机：真希望我早些年旅行的时候也有一台相机，现在我出门必带相机

最难忘的露营地

- 加拿大努纳武特地区（Nunavut）——北极一直是我最喜欢的地方之一
- 如果你想来一场寒冷的努纳武特之旅，可以考虑到以下地点露营：
  挪威　哈当厄维达国家公园（Hardangervidda National Park）
  阿根廷　佩里托莫雷诺冰川（Perito Moreno Glacier）
  美国蒙大拿州　罗杰斯山口（Roger Pass）

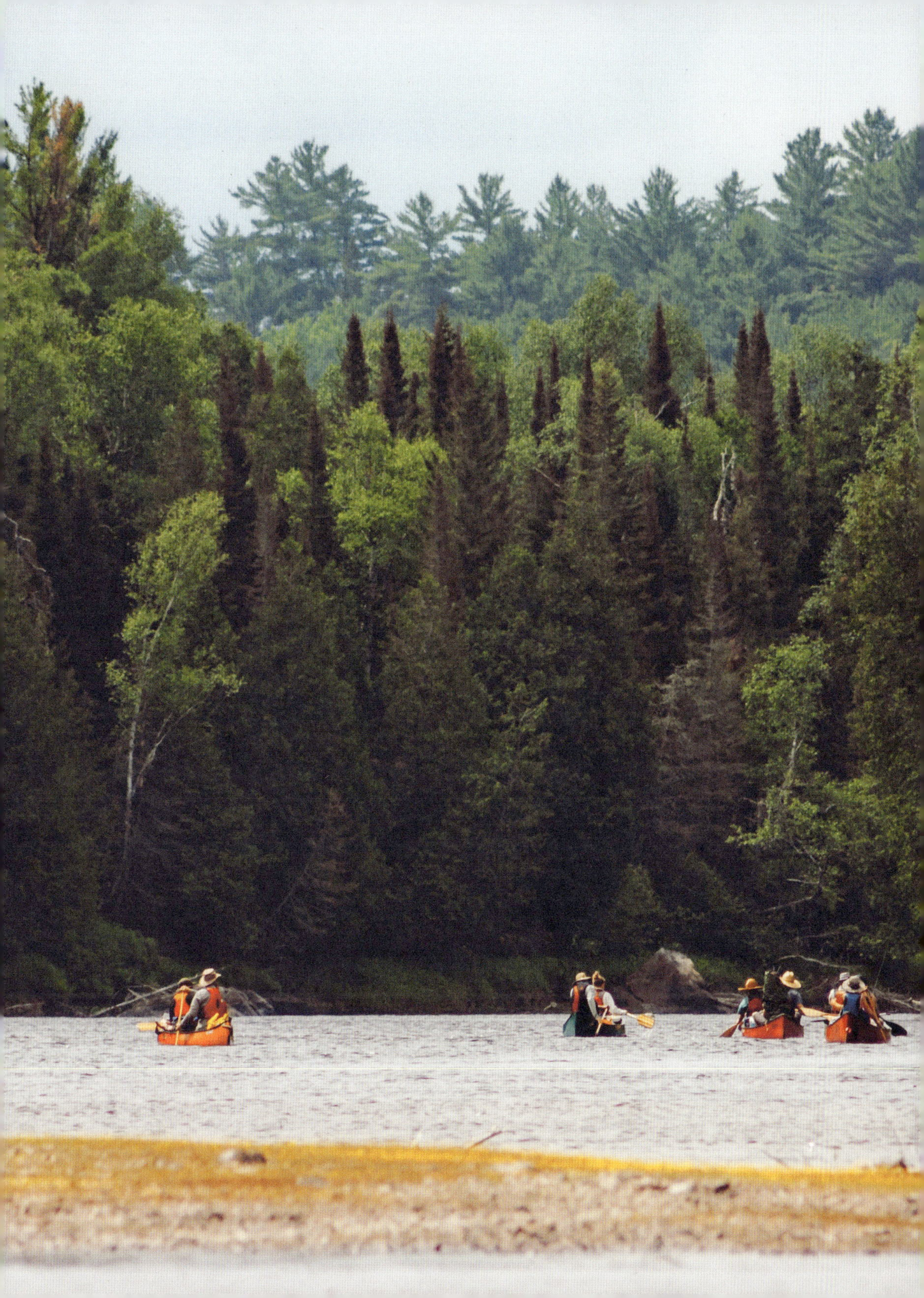

利安娜和贝利（加拿大）

与最好的朋友一起经历无穷的探险

如果您对独自徒步旅行有些疑虑，或者不喜欢一个人在野外，那何不带一只猎犬出行呢？在贝利长大到可以应付长途跋涉后，利安娜和贝利就开始了一起徒步旅行的生活，之前睡在车里的贝利也适应了帐篷。没过多久，这对好朋友就开始进行更长时间的野外探险。利安娜辞去了工作，贝利作为她毛茸茸的旅伴也为露营生活做好了准备。万事周全，他们开始了为期3个月的公路旅行，穿越了美国俄勒冈州、犹他州和亚利桑那州。

和许多露营者一样，利安娜醉心于高山的雄伟和沙漠的宁静。她希望在探索沿途的岩层的同时，拓展贝利对周遭世界的认知。他们认真谨慎，利安娜花了很多时间使用寻路应用和地图，挑选适合狗的露营地点和徒步旅行路线，并在相关的政府或议会网站及省级公园网站上确认狗牵引相关的规定和条例。

当然，带着四条腿的伙伴露营也会遇到一些挑战，在酷热的沙漠或遇到阴雨天气时二人面临的挑战则更为严峻。当气温升高时，利安娜会给贝利戴上打湿的头巾，让它保持凉爽，并尽量在早晨出行。而在雨天，保证它整夜干爽和温暖也是一项非常困难的工作。在利安娜用毛巾将贝利擦干后，它通常会蜷缩在可以保温的座垫上，或者依偎在利安娜的睡袋里取暖。

独自带狗露营的最大好处之一就是可以自由地做决定，可以按照自己的节奏走，不用担心拖累大部队。利安娜会准备好狗专用的急救设备来应对贝利因为太有"冒险精神"而受伤的情况，里面包括一个救援用背带。此外再带上大量的零食和定量的狗粮，一人一狗就可以出发了。

有些狗一生都被困在一个街区，从未见过外面的世界。与它们相比，贝利的生活更加多姿多彩，而这都要归功于它热爱冒险的主人。遇到困难时，狗和主人会互相帮助，而它晃来晃去的尾巴总能给疲惫的主人带来慰藉。无论天气多么恶劣，无论形势多么严峻，贝利憨厚的笑容都会让利安娜回忆起二人途中的乐趣和已经走过的旅程。无论是在汽车里过夜，还是在星空下的帐篷里睡觉，只要它们还拥有彼此，其他一切就都不重要。

"在第一次远足之前，要训练好你的狗。最初，我把帐篷搭在室内，让贝利随意进出，直到他慢慢地习惯了睡在帐篷里。你要确保在遭遇野生动物的情况下，狗也能记起训练内容。"

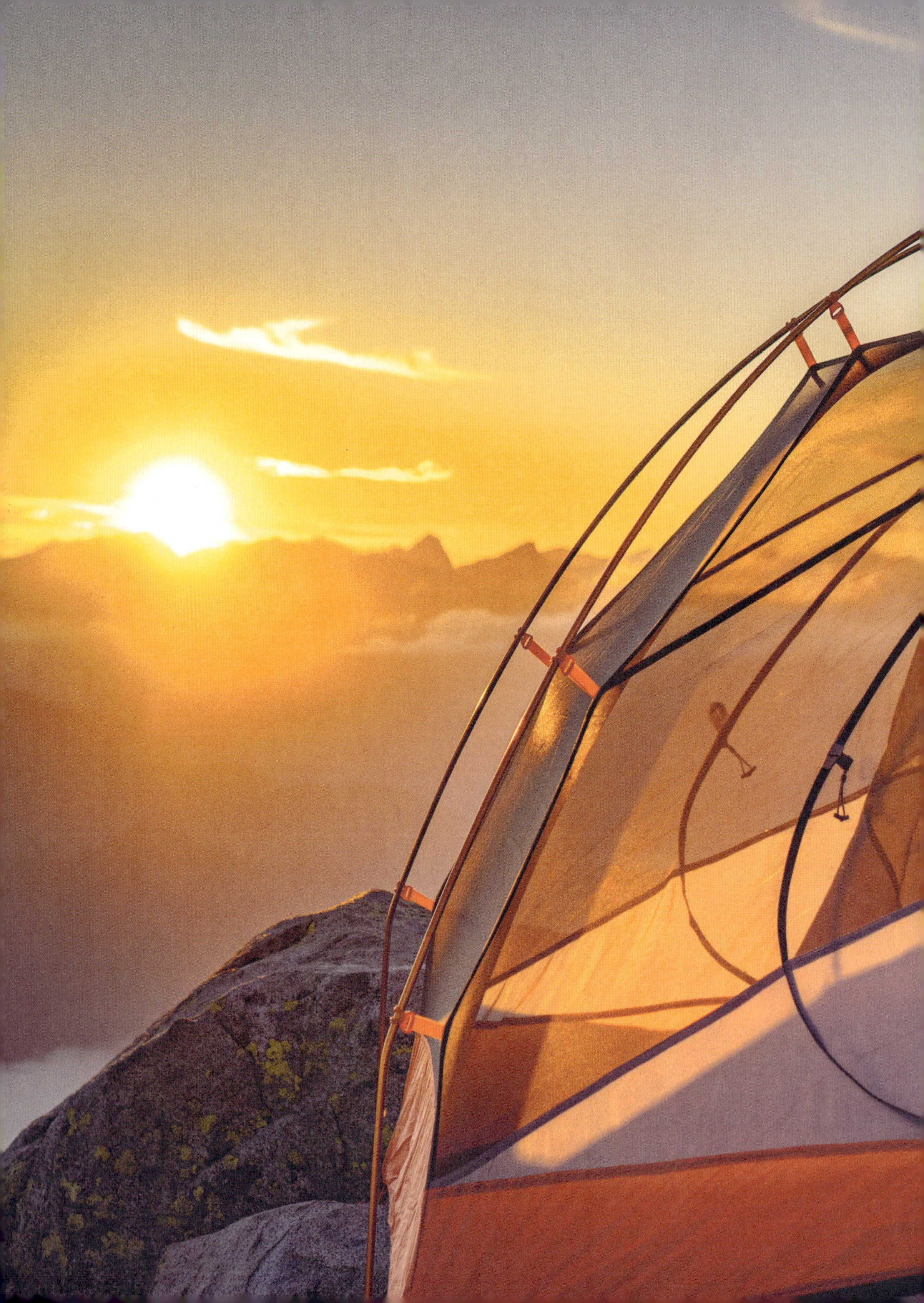

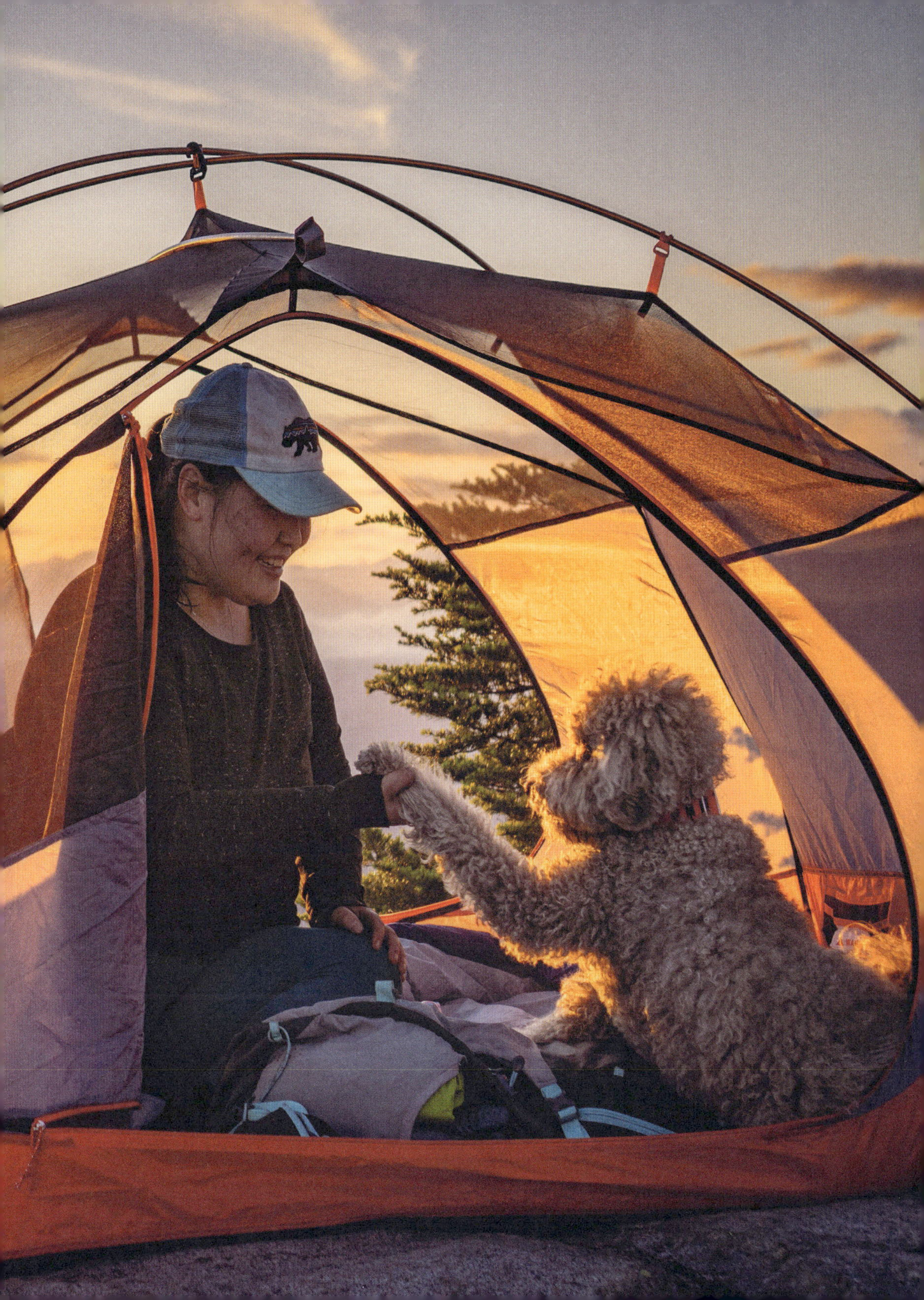

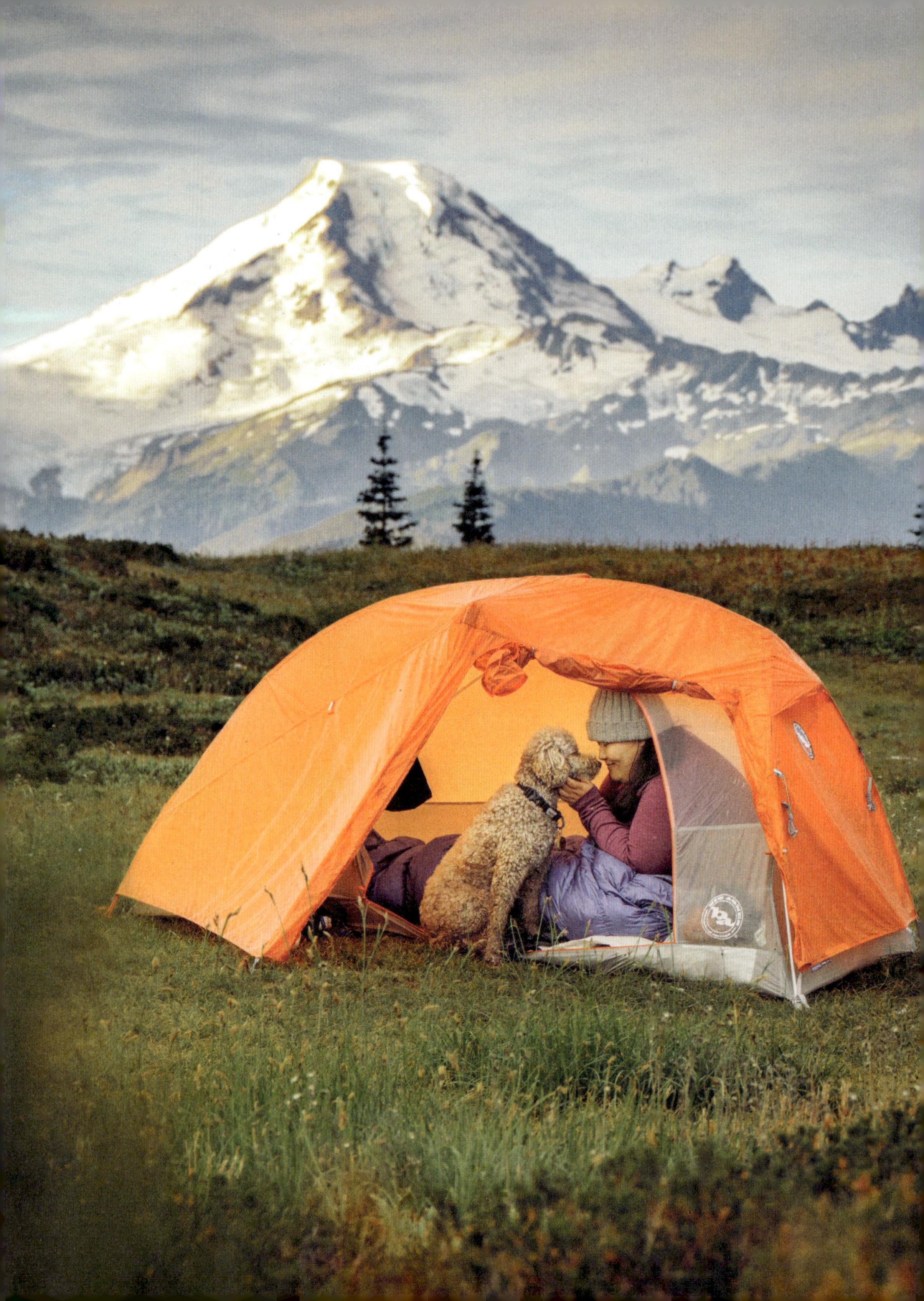

露营三大件

→ 户外手持机：在没有手机服务的时候，我可以通过手持机发短信报平安

→ 狗自背包：贝利可以携带一些行李，包括我当天的零食和午餐，这样我就不用停下从自己的背包拿食物了

→ 水杯：装满开水后用T恤裹住瓶子（不要烫伤自己）。在极端寒冷的夜晚，睡觉前把它放在睡袋里

最难忘的露营地

→ 加拿大的阿西尼博因山（Mount Assiniboine）——我们在这里露营了5天，徒步行走了100千米。你可以乘坐直升机进入该地，但因为贝利不被允许乘坐直升机，所以我们徒步走了30千米才进去

→ 如果你喜欢与毛茸茸的伙伴一起在湖边露营，那么你也可以考虑到以下地点露营：
    奥地利　普兰湖（Lake Plansee）
    美国　俄勒冈州　火山口湖（Crater Lake）
    巴基斯坦　阿塔巴德湖（Attabad Lake）

第 5 章　良心露营者

曾（日本）

善用自然资源，在海滨生活

第一次全家出动去露营，走向未知的野外世界，一起在森林中享受自然乐趣，检验生存技能，发现无数以前从未注意过的自然珍宝，这些都是非常特别的回忆，而这正是曾（So）2007年的经历。一开始，他只是为了给家里年幼的孩子们找点事做。不过，他很快就开始独自露营，对慢节奏的生活心生向往。为了有更多时间亲近大自然，他还在2016年换了工作。

曾在日本长大、工作，向来走两步就能看到美丽的风景。对他而言，露营能舒缓日常生活带来的种种压力，让他有机会独处，而不是一直围着一个个电话和一张张电子表格打转。走进大自然，他感觉身心都得到了净化，积压的负能量一扫而空，过上了悠闲自得的生活，这是我们都憧憬的日子。

一般来说，曾不会深入密林露营，侵占野生动物的栖息地，妨碍它们繁衍生息。他都是去些与世隔绝的地方，再利用周边环境资源取水做饭，过上自由的生活。尽管如此，他顶着星星在吊床上过夜的时候，当地鹿群总是跑来找吃的，哪怕它们没有为他做过一顿饭，也没帮忙洗过一次碗。

曾的露营之旅，往往伴随着简单生起的篝火和火上那些令人垂涎的美食。他会在营地附近捡拾木柴，使用传统的露营套锅，把在家里切好的食材放到锅里煮出各种美味佳肴，既犒劳自己，也偶尔招待那些同样两条腿走路、会说话的林区来客。

自己带水会增加不必要的负重，所以曾一直用"康迪"的"自由饮"净水袋沿途取水净化。这款净水袋可去除天然水源中的悬浮物、沉淀物和细菌等，使其适合烹饪与饮用，不用时还可以折起来放在包里。

最重要的是，曾一直尽可能减少他的露营之旅对环境的影响。露营时，他会始终关注周边环境，只烧木柴，离开时保持营地和来时一样。垃圾不该出现在大自然中，随着越来越多像曾这样的露营爱好者以身作则，也许有一天大自然能重新回到"零垃圾"状态。

"注意保护环境，把垃圾带回家。"

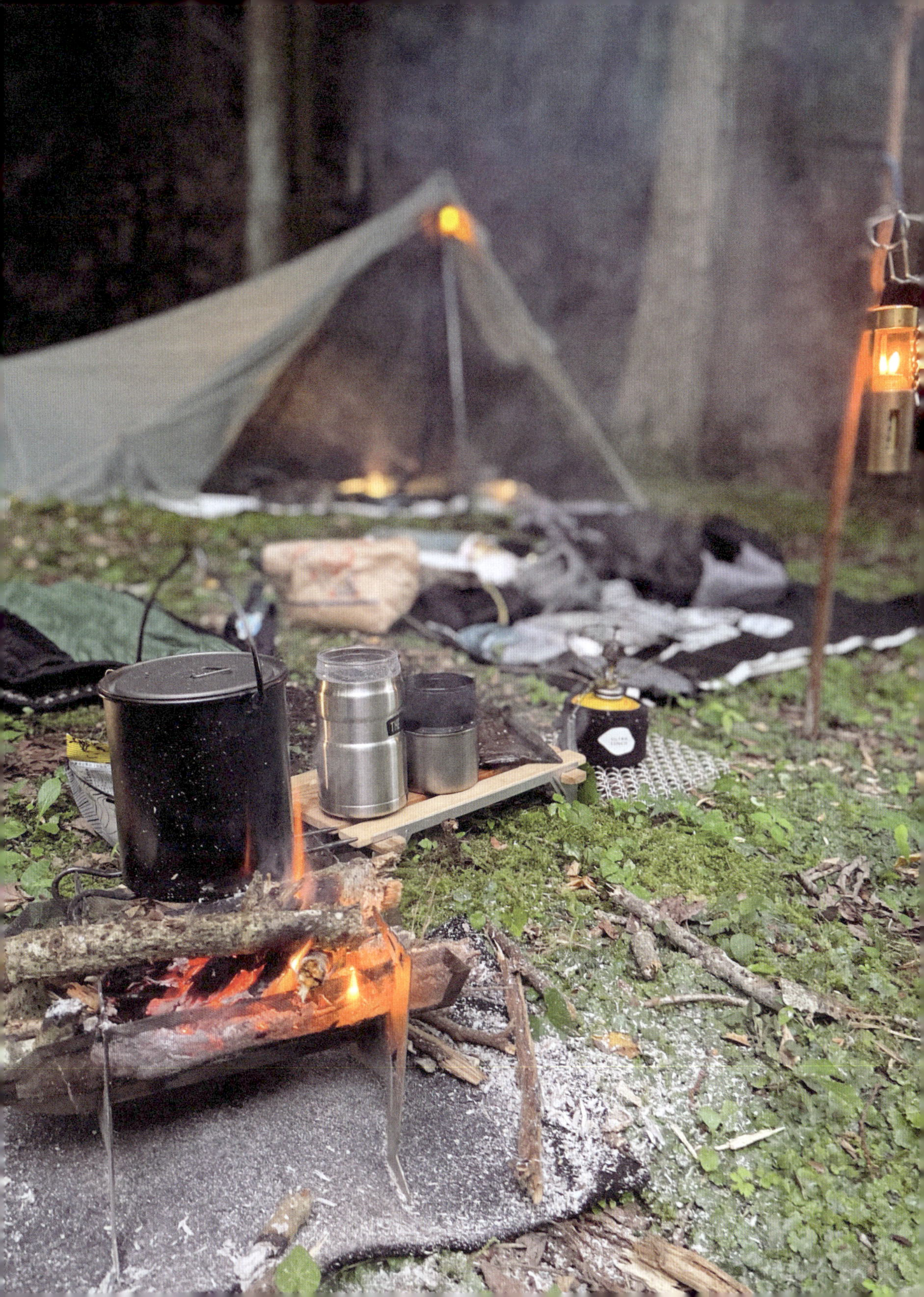

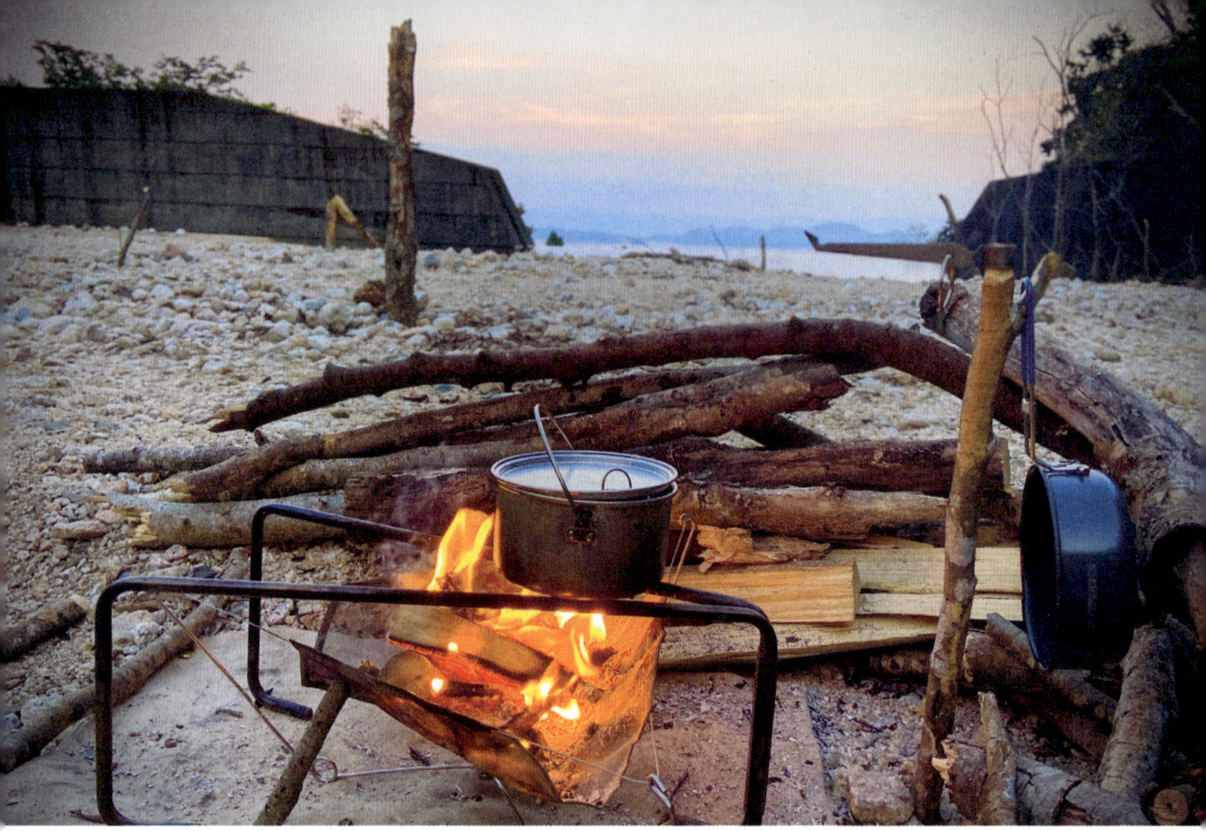

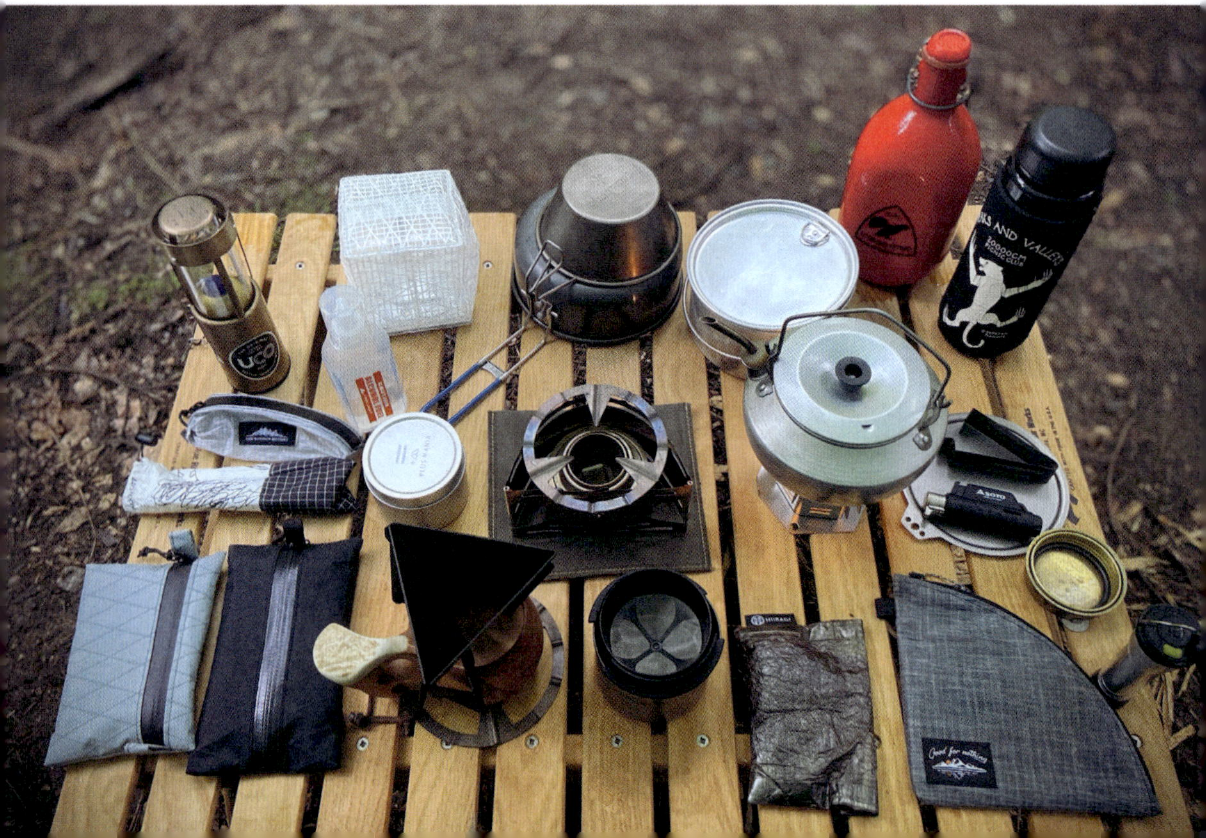
UCO
SOTO
Good for nothing

露营三大件

→ 刀：用于准备食物

→ 打火棒：确保每次生的火都适合烹饪

→ 智慧：住在远离城镇的地方时，知道怎么保护自己和周边环境

最难忘的露营地

→ 日本和歌山海岸（Wakayama Coast）是露营的好地方。在那里，时间过得很慢，潺潺海浪可以洗刷所有压力

→ 如果你想在日本和歌山海岸度过一段悠闲的时光，可以考虑到以下地点露营：
　　英国苏格兰　拉斯角（Cape Wrath）
　　新西兰　米尔福德峡湾（Milford Sound）
　　斯洛文尼亚　斯楚雅自然保护区
　　（Strunjan Nature Reserve）

埃尼科（匈牙利/英国）

有了露营，谁还需要治疗

与大自然和谐共处，可以舒缓身心，回归宁静。这是在其他任何地方都难以做到的，当然也是金钱买不到的。埃尼科（Eniko）经常带着她那配色巧妙，与自然环境几乎融为一体的帐篷露营，喝清凉的溪水，搜寻野生浆果，尽情探索匈牙利和英国各地的旷野荒原。对她而言，大自然不只是栖身之地，更是聆听生命的媒介，躺在吊床上小憩，就能听到此起彼伏的鸟鸣声，看到以森林为家的各种动物们。埃尼科从未忘记，自己是在这些动物的地盘上做客，从不侵犯它们的栖息地，只会远远地观察它们，以免干扰它们的自然成长历程。

对埃尼科来说，外出露营必须要考虑周全，这是她从小和家人一起出门时就养成的习惯。她珍视在大自然中享受独处时光的自由，每次露营都心无旁骛，沉醉于大自然的美景之中。出发之前，她会和相关社团取得联系，确定当地对野外露营者的态度。扎营时，她会远离山路，小心谨慎地在较偏远处搭起"比格尼斯"的"快乐流氓"帐篷。这款帐篷质量超轻，搭建也非常简单。每个地方她都只会住一晚，而且她通常很晚才开始搭帐篷，第二天一早就离开，以免引起过多注意。

只要准备充分，实现可持续露营并不难。埃尼科坚持践行"无痕山林"[1]原则，每次露营都会带走垃圾，同时将排泄物埋在远离天然水源的地方。至于扎营的位置，早上起来能看到极为美丽的景色自然是重要的加分项，水源是必须项。若营地附近有水源，就方便过滤出可供做饭和饮用的水，这样她外出徒步时就不必背额外的水了。

从在匈牙利人迹罕至处露营，到开启英国苏格兰高地之旅，埃尼科花了大量时间在旅行中改善自己的心理健康，把烦恼留在门口，返璞归真，回归自然，获得内心的平静与安宁。

"一切从简！带上必需品，确保旅行安全愉快即可，别带太多东西。"

---

[1] 无痕山林：即 Leave No Trace（LNT），户外环保行为准则，起源于美国，现已推广至全世界。

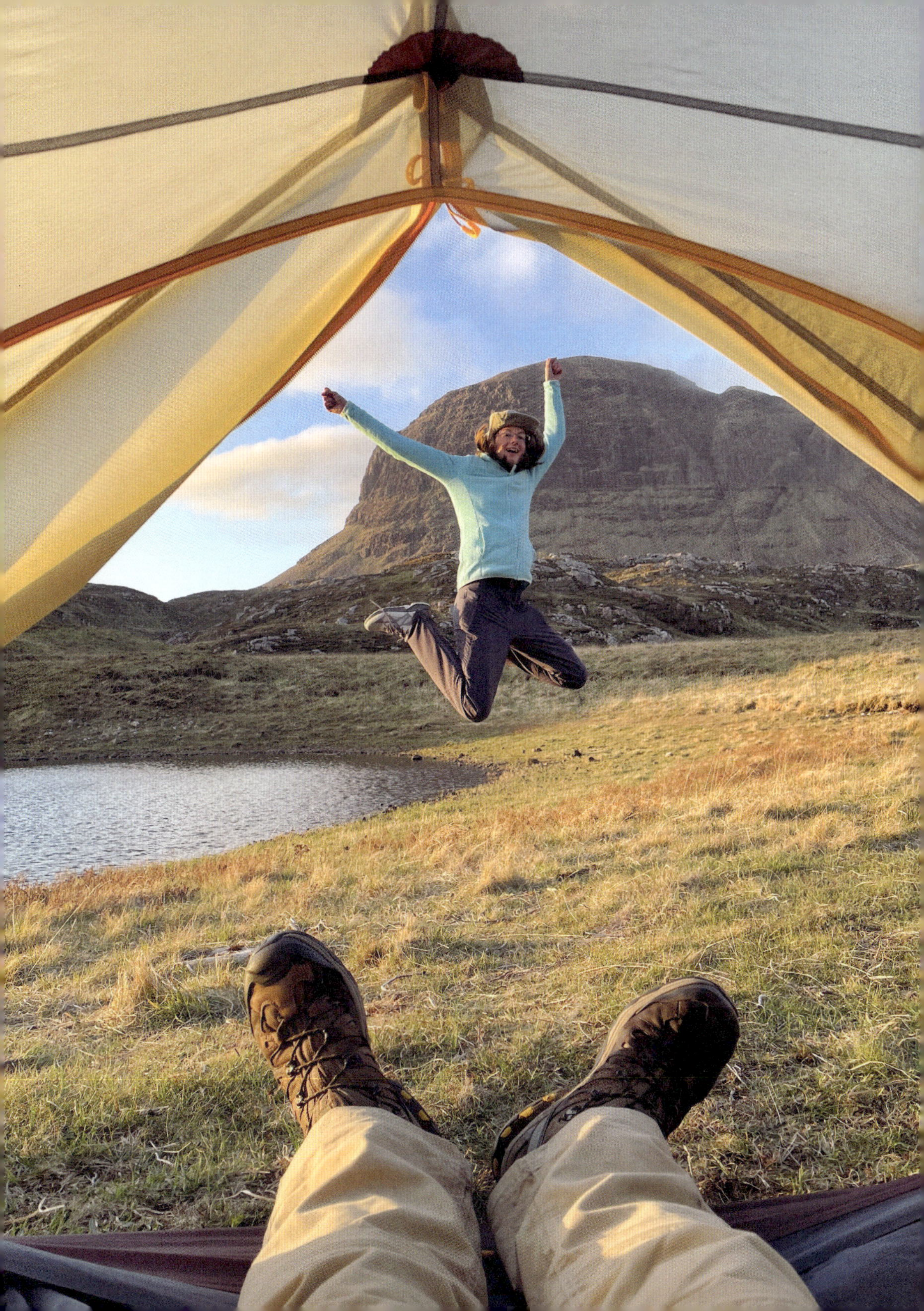

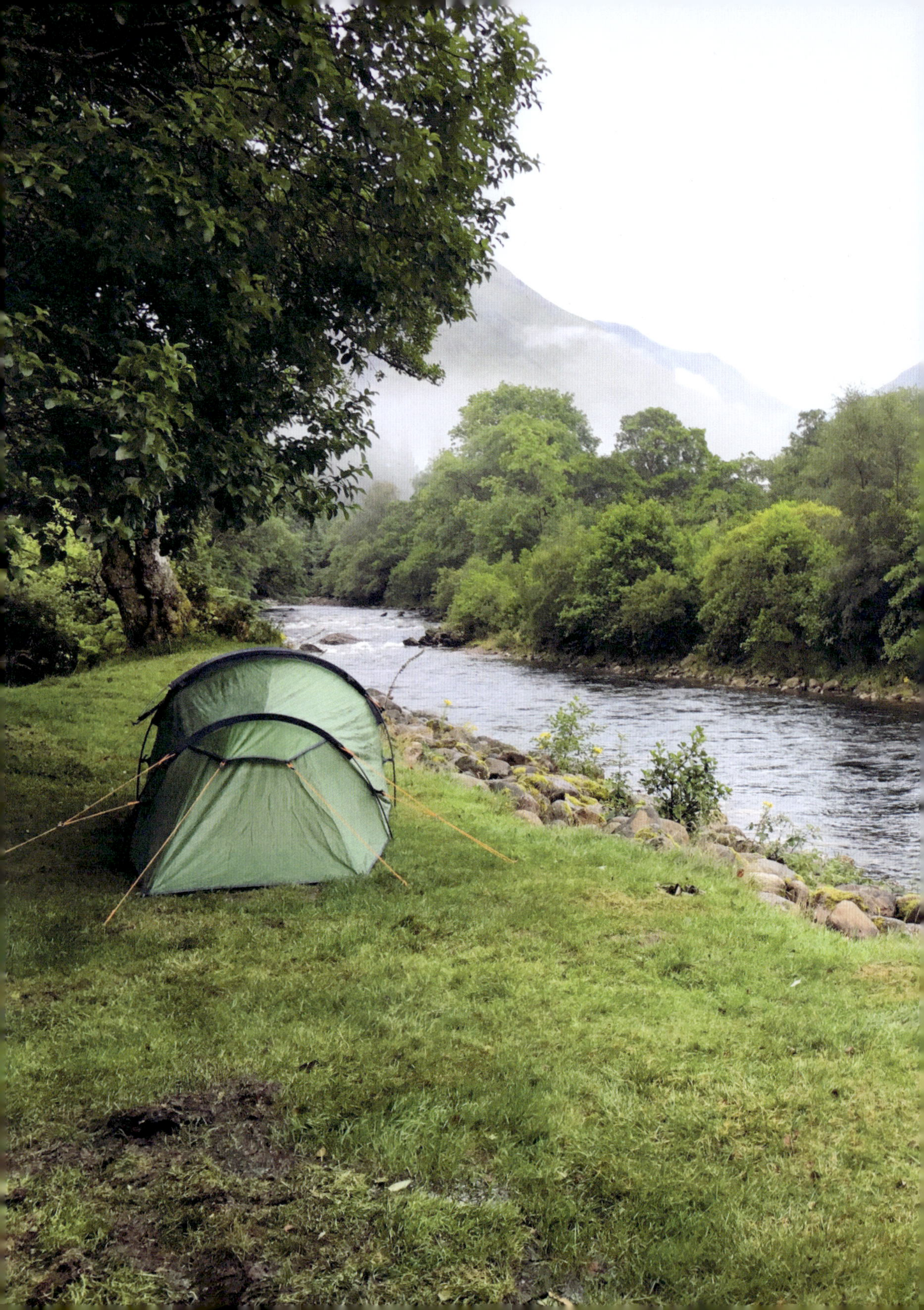

露营三大件

→ 滤水器：获得安全的饮用水至关重要

→ 卫星通信器：用于没有信号的偏远地区

→ 相机：用于记录我们的旅行

最难忘的露营地

→ 苏格兰是野外露营的天堂。当地人非常欢迎负责任的露营者。那里到处都是偏远荒凉、景色优美的露营地，还有很棒的免费洗漱设施，连续多日露营可以在那里梳洗一番

→ 如果你喜欢在苏格兰中央的偏远地区露营，可以考虑到以下地点露营：
　　美国华盛顿州　芒特雷尼尔（Mount Rainier）
　　尼泊尔　阿玛达布拉姆峰（Ama Dablam）
　　瑞士　劳特布伦嫩（Lauterbrunnen）

第 5 章　良心露营者

安－玛丽（加拿大）

偏远地区露营爱好者，促进安全可持续露营

千里之行始于足下，安－玛丽（Ann-Marie）的第一次野外徒步（也是她的第一次户外探险）正应了这句话。户外活动的强大魅力不容忽视，很快，短距离徒步变成了远足，远足又变成了四处探索自然美景，她开始渴望沉浸在荒野之中，不断探寻加拿大安大略省各地的瀑布，逐渐回归最纯粹的自己。

安－玛丽和丈夫曾背着背包在加拿大西部各地露营，包括加拿大艾伯塔省和不列颠哥伦比亚省，试图与外部世界断开联系。他们没有在露营地订房，也没有连接免费WiFi网络，而是带着MSR的"灵药"帐篷或"克利米特"的"马克斯菲尔德"帐篷深入偏远地区，远离所有会带来压力的电子设备、想法和待办事项。在旅行开始前，这些都让他们不胜其烦。

组织一场前往偏远地区的露营之旅需要深思熟虑、计划周全。安－玛丽通常会先确定徒步旅行的预计时长，再认真研究目标露营地的地形。出发之前，她会将目的地告知亲友，并带上"佳明"的inReach卫星通信器，以便查看最新的天气预报信息，如有必要也可及时呼救。深入荒野之地，防熊喷雾这样的东西是必备的。同时，她会把食物放在干燥的包里，在离营地较远处找一棵树，用绳子和主锁把包挂到树上够不到的地方。此外，她还会确保用的洗衣粉是无香的，以免睡觉时引来野生动物。

说到在野外做饭，安－玛丽有许多小妙招，以后到偏远地区露营的人都可以效仿。比如，她选择自制脱水食物作为一日三餐，既能控制成本，又能确保自己吃得健康，并及时补充徒步消耗的热量。她一般会在野外露宿2~3天，每次都会提前规划，在出发前收拾好所需食物，进行脱水处理。和很多露营爱好者一样，她觉得在野外上厕所非常舒畅。她会在离水源至少300米远且没有毒葛或毒藤等有毒植物的地方解决，以免扎到尴尬的部位。内急时，她就在选好的地方挖个洞，事后用土埋好，并用洗手液洗手，保持双手干净，防止细菌滋生。

无论是在海湾边还是山顶上，安－玛丽都坚持践行"无痕山林"原则。她知道不打扰周边的野生动物非常重要，总是在别人露过营的地方露营，在各省立公园露营时也会使用帐篷垫，以免进一步破坏那里的草地和森林。只有这样兼顾方方面面的露营，才能让其他人更长久地享受这些露营空间，为子孙后代留住自然美景。

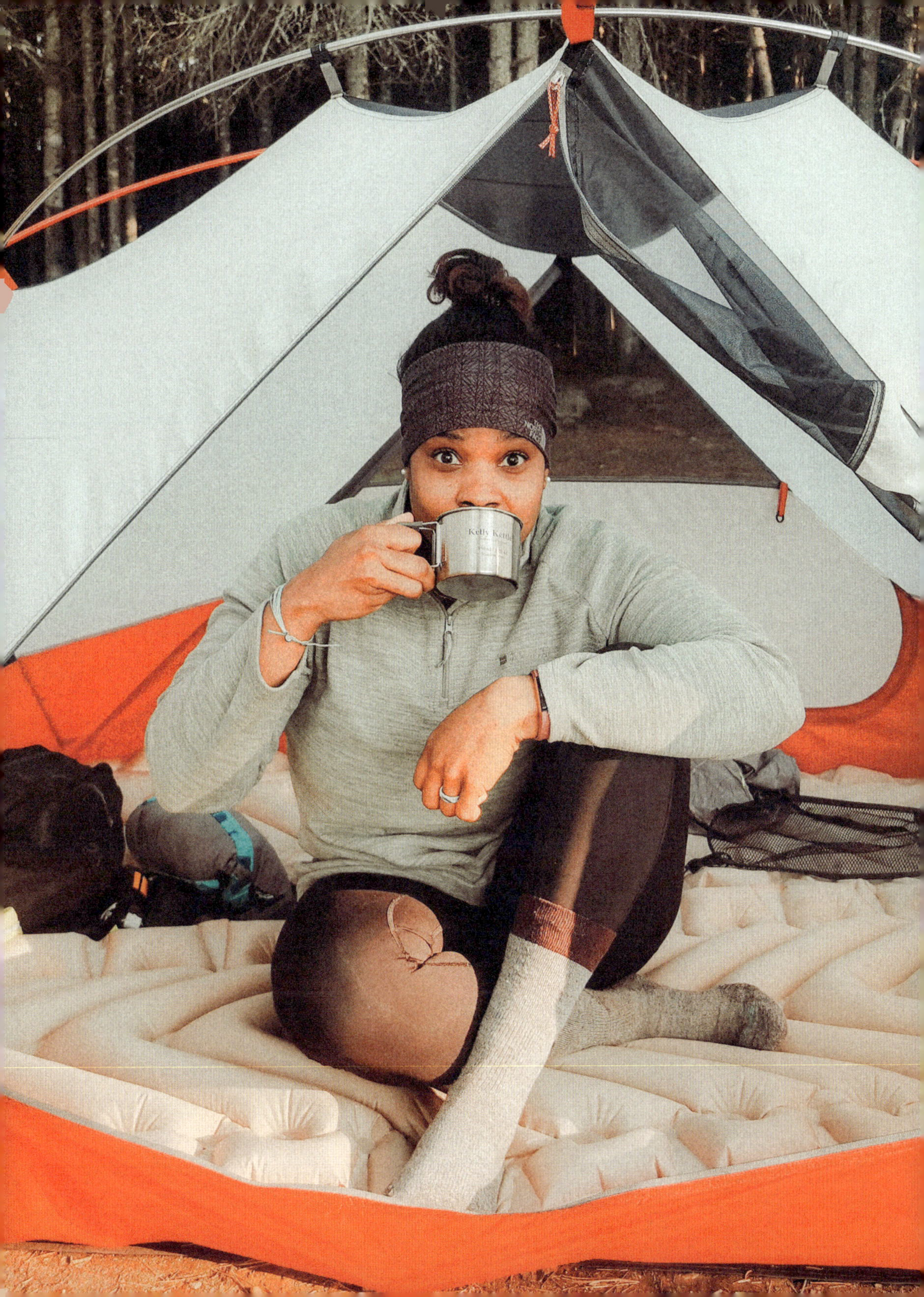

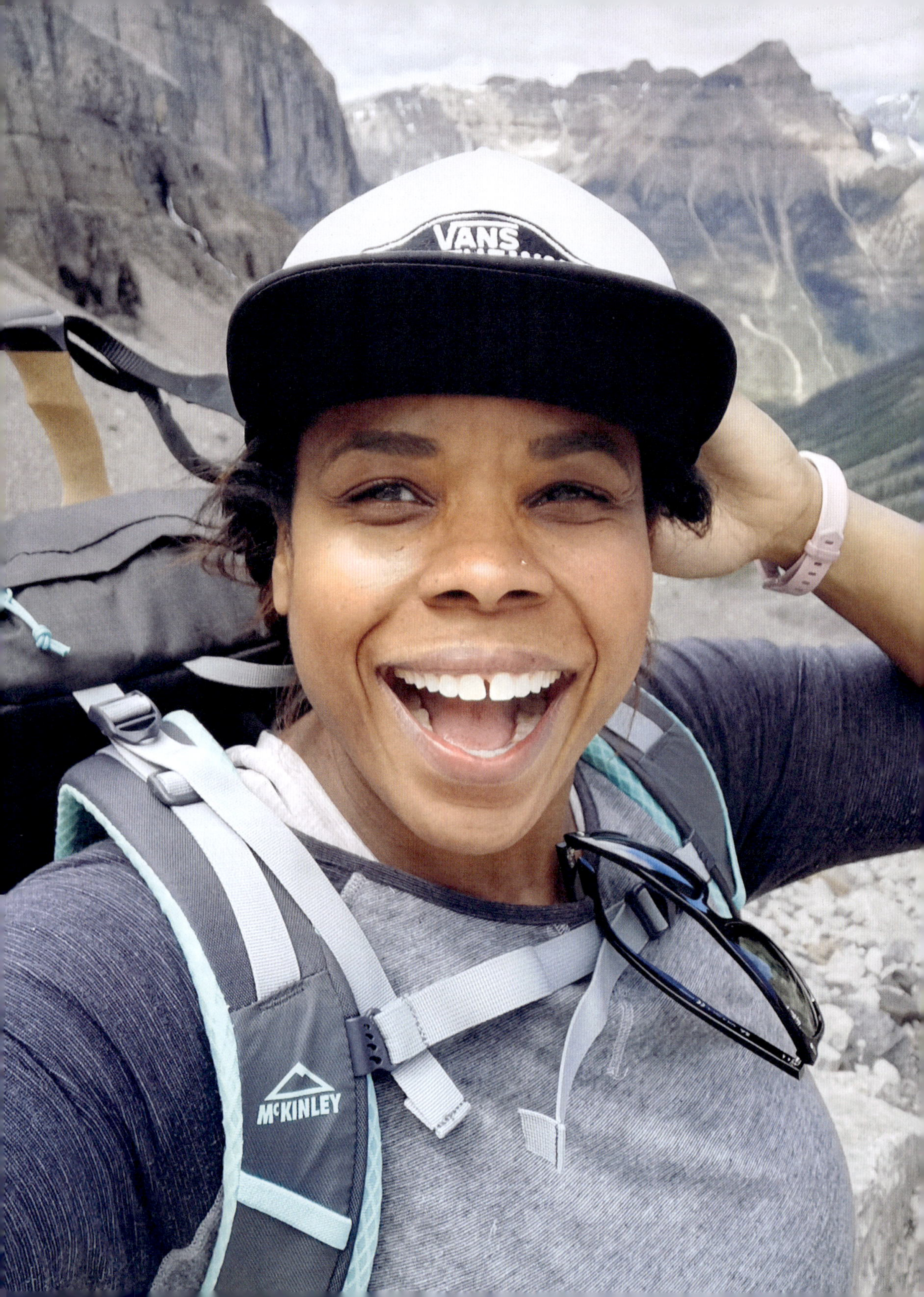
VANS
McKINLEY

露营三大件

→ 刀：用于扎营和准备食物

→ 补液片/电解质片：在有人脱水的紧急情况下使用

→ 户外电源：脱离电网覆盖区域后，确保我们的卫星通信器始终电量满格

最难忘的露营地

→ 徒步穿越加拿大艾伯塔省的落基山脉（Rockies），欣赏山口美景

→ 如果你想徒步穿越艾伯塔省的落基山脉，可以到以下地点露营：
　　秘鲁　科迪勒拉布兰卡（Cordillera Blanca）
　　中国　梅里雪山
　　澳大利亚　雪山（Snowy Mountains）

第 5 章　良心露营者　171

保持露营地整洁的 5 种方法

2. 挖个洞作为厕所

身处野外,难免内急。内急时,一定要挖个洞,把排泄物埋进去,再用土盖上。根据经验,最好在离水源至少 60 米远的地方挖洞,洞深 15 厘米为宜。

1. 把垃圾装进袋子带回家

野外没有垃圾桶,地面当然也不是垃圾桶。带上一个黑色袋子,把所有餐厨垃圾、卫生纸和其他不要的东西都带走。

3. 扎营前捡拾垃圾

虽然每个人都应该践行"无痕山林"原则，但遗憾的是，事实并非如此。做良心露营者，在扎营前将周围收拾干净大有裨益，这不仅仅是为了你自己，更是为了后面的露营者，为了当地的野生动物。

4. 买个防熊箱或防熊罐

熊不知道你带的食物是只为你自己准备的，特别是你还在它们的地盘上走来走去，扎营露宿。把食物放进防熊罐里密封起来，隔绝气味，对你和熊都好。

5. 倒水时远离帐篷

当你做饭或使用环保洗涤剂时，如果要倒污水，一定要倒到远离营地的地方，免得踩一地泥进帐篷。而且，每次倒水都要倒在不同的位置，以免引来动物们。

图书在版编目（CIP）数据

帐篷人生：户外探险与露营指南 /（英）塞巴斯蒂安·安东尼奥·圣巴巴拉著；罗欣欣译. -- 北京：中国科学技术出版社，2024.5

书名原文：Tent Life: An inspirational guide to camping and outdoor living

ISBN 978-7-5236-0497-7

Ⅰ.①帐… Ⅱ.①塞… ②罗… Ⅲ.①野营（军事体育）—指南 Ⅳ.① G873-62

中国国家版本馆 CIP 数据核字（2024）第 042073 号

Original title: Tent Life
Text © 2023 Sebastian Antonio Santabarbara
Illustrations © 2023 Liam Ashurst
© 2023 Quarto Publishing Plc
First published in 2022 by Frances Lincoln, an imprint of The Quarto Group.
One Triptych Place, London, SE1 9SH United Kingdom

版权登记号：01-2023-6277

策划编辑	王晓平
责任编辑	王晓平
封面设计	中文天地
正文设计	中文天地
责任校对	张晓莉
责任印制	李晓霖

出　　版	中国科学技术出版社
发　　行	中国科学技术出版社有限公司发行部
地　　址	北京市海淀区中关村南大街 16 号
邮　　编	100081
发行电话	010-62173865
传　　真	010-62173081
网　　址	http://www.cspbooks.com.cn

开　　本	710mm×1000mm　1/16
字　　数	180 千字
印　　张	11.75
版　　次	2024 年 5 月第 1 版
印　　次	2024 年 5 月第 1 次印刷
印　　刷	北京华联印刷有限公司
书　　号	ISBN 978-7-5236-0497-7 / G·1036
定　　价	68.00 元

（凡购买本社图书，如有缺页、倒页、脱页者，本社发行部负责调换）